# Concepciones de la función en la arquitectura moderna

 **EDITORIAL UNIVERSIDAD DE SEVILLA**

Calidad en Edición Académica

Academic Publishing Quality

**COLECCIONES**

Avalado por ANECA FECYT    Promovido por une

Damián Plouganou

# Concepciones de la función en la arquitectura moderna

EDITORIAL
UNIVERSIDAD DE SEVILLA

Sevilla 2025

Colección Arquitectura
N.º 50

Motivo de cubierta: Moisei Ginzburg, Narkomfin Type A, "Sovremennaya Arkhitektura" N°1, 1930.

©   Editorial Universidad de Sevilla 2025
    c/ Porvenir, 27 - 41013 Sevilla.
    Tfnos.: 954 487 447; 954 487 451
    Correo electrónico: info-eus@us.es
    Web: https://editorial.us.es

©   Damián Plouganou 2025

Impreso en papel ecológico
Impreso en España-Printed in Spain

ISBN: 978-84-472-2660-3
Depósito Legal: SE 1187-2025

Maquetación: Cuadratín Estudio
Impresión: Podiprint

# Índice

# Agradecimientos

Son muchas las personas que, directa o indirectamente, han realizado aportaciones a este libro. Pero quiero expresar un infinito agradecimiento a Eduardo Prieto, quien ha guiado el trabajo que conformó la esencia de este texto, depositando todo su conocimiento y su confianza. A Ángel Martínez García, por su particular interés en la publicación de este libro y, sobre todo, por su paciencia en la edición del manuscrito original. A Ana María Rigotti, quien generosamente se ofreció a comentar y debatir las ideas aquí presentes en el momento en que germinaban. A Jacobo García-Germán, Luis Rojo de Castro, Simón Marchán, Iñaki Ábalos, Juan Calatrava y Joaquín Medina por haber aportado, en diferentes instancias, ideas u observaciones. Finalmente, a mi familia, por estar siempre presente desde la distancia.

# Prólogo

Jorge Luis Borges escribió que la historia de la literatura no consiste más que en la combinación de unas cuantas metáforas esenciales. La idea podría valer también para la arquitectura, disciplina mestiza, mudable y sometida como pocas a los caprichos de cada tiempo, pero que se ha construido y se sigue construyendo con un puñado de palabras. Una de ellas sería la 'función', término que las vanguardias frecuentaron, entre otras razones, por su novedad, aunque hubiera formado parte del corazón –vamos a decir que 'ideológico'– de la disciplina desde los tiempos de Vitruvio.

Lo que atraía de la función a los racionalistas era su capacidad para hilvanar de un modo determinista el cometido, el tiempo y la forma de los edificios, y por eso usaron el vocablo como una coartada cuya carga tecnomoralista aún nos sigue pesando hoy. Sin embargo, la manía por la función, tantas veces presentada como respuesta a los apremios del *Zeitgeist* y como llamada al futuro, escondía, como ya hemos dicho, sus raíces en el pasado. No solo en la tradición racionalista de la Francia de Viollet-le-Duc y la Inglaterra de Pugin, sino en la tradición mucho más larga del clasicismo, elaborada a partir de los tratados y en la que el concepto de 'función' se había enriquecido hasta formar una familia muy amplia que cubría desde la *utilitas* o la *necessitas* hasta la *commoditè* o la *composition*, pasando por el *decor*, la *commoditas*, el *use*, la *nécessité*, la *ordonnance*, el *usage*, la *funzione*, la *distribution*, el *caractère* o la *économie*, palabras que daban cuenta de los muchos matices que la expresión tuvo que adquirir en cada país, época o contexto cultural.

Esta variedad terminológica habla de una de las mayores virtudes del término 'función', que es también una de sus mayores desventajas: la amplitud semántica. Una amplitud –una capacidad de dar cuenta de nociones complementarias pero diversas– que tiene que ver con la propia extensión etimológica del concepto, pues 'función' viene de *functio*, voz genérica que abarca desde el ejercicio de una facultad hasta el cumplimiento de un deber; de ahí que, con el tiempo, 'función' haya acabado designando cosas muy variadas: la capacidad de actuar de un ser vivo o un objeto, la tarea que corresponde realizar a una entidad, la relación entre dos conjuntos y también el acto solemne y la representación de un espectáculo.

En este excelente libro, Damián Plouganou ni reniega de la complejidad semántica de la 'función', ni la simplifica para poder encajar el concepto en su discurso. Más bien al contrario: abunda en ella, la convierte en cantera de materiales, trabaja con su paradójica riqueza para acabar desvelando la riqueza, no menos paradójica, de la arquitectura de la primera mitad del siglo XX. Valiente y ambicioso –más aún en estos tiempos de ramplonería y *papers*–, el empeño de Plouganou tiene una parte de trabajo de filólogo, pues se sostiene de entrada en la laboriosa tarea crítica de desentrañar los muchos significados de la función arquitectónica y agruparlos en cuatro conceptos entreverados: la eficiencia, la adecuación, la flexibilidad y la conectividad. Si la eficiencia habla de ese racionalismo, cientificismo y pulsión económica que, cuando menos como coartadas, explican una parte de la arquitectura de las vanguardias y posvanguardias, la adecuación introduce el sesgo cualitativo de la atención a las exigencias de cada contexto, en tanto que la flexibilidad apunta a la vocación, de raigambre futurista, de dar usos abiertos y cambiantes a los espacios, y la conectividad insiste en el papel creativo que pueden tener en sí mismos los entornos de relación.

Como cada uno de estos términos declina el verbo 'funcionar' en un sentido que tiene su propio origen y busca su propio destino, el Plouganou filólogo debe dejar paso al Plouganou historiador, de manera que el libro se convierte en un sintético pero riquísimo examen del pasado que sabe ordenar conceptual y cronológicamente lo cuatro ejes paralelos de la eficiencia, la adecuación, la flexibilidad y la conectividad, y dibuja por el camino un retrato impresionista pero riguroso de la historia de la arquitectura moderna. Una historia que, como la de los antecesores de Plouganou –Behne, De Zurko, Banham, Collins–, es menos una historia hecha de edificios y autores que de palabras y conceptos: una historia de las ideas, una historia cultural.

Si el autor se hubiera limitado a ejercer de filólogo e historiador, su proyecto habría tenido los méritos indudables de hacer la luz donde antes había solo penumbra, y de moverse con libertad y tiento entre perspectivas y métodos diferentes.

Pero Plouganou no se contenta con dar cuenta del pasado, pues entiende que su libro es también un modo de proyectar, y lanza por ello su exploración hasta el presente, incluso hacia el futuro, para preguntarse —para preguntarnos— en qué medida la enrevesada historia de la función moderna sigue determinando a la función contemporánea, y en qué medida serviría para tender puentes con la función del porvenir. Y así, en su singular proyecto, Plouganou acaba haciendo las veces de filósofo que inquiere sobre el habitar en tiempos marcados por las exigencias de lo sostenible y lo social (otras de las concepciones de la función). Y, lo más importante, acaba haciendo asimismo las veces de arquitecto: un arquitecto al que pensar le sirve para proyectar, y proyectar le hace pensar. Un arquitecto que, a la postre, sabe servirse de las palabras para levantar ese tipo de escaleras conceptuales que describió Wittgenstein, a las que se les pega una patada una vez que han cumplido su función: llevarnos arriba, colocarnos en ese lugar sin retorno desde el que las cosas se pueden mirar de otra manera.

Eduardo Prieto

# Introducción

Reflexionar sobre la función en la arquitectura supone navegar contra la desesperante corriente de lo obvio. Hay algo en ella que se apoya en el sentido común, en lo evidente, cuando no en lo tradicional, o en lo ya probado y asentado. Pero la función también es volátil, invisible, cambiante, y las descripciones que puedan realizarse sobre ella normalmente la perfilan como antagonista de la solidez y la permanencia que suele caracterizar a la arquitectura.

El arquitecto proyectista que se adentra en los vericuetos de la función lo hace también en una batalla perdida entre el orden y lo imprevisible. Es quizás esta condición escurridiza la que ha impedido que la función goce de la misma profundidad teórica que otras problemáticas esenciales de la disciplina, como la belleza y la solidez constructiva. La función está, en efecto, en boca de todos, pero a diferencia de una columna o de una resolución de fachada, no puede ser construida.

No han sido pocos los arquitectos que se han animado a probar el juego desafiante de meditar acerca de la configuración o prefiguración de las posibles actividades humanas que un edificio puede albergar ya que, por su naturaleza social, las conceptualizaciones sobre la función suelen ampararse en presupuestos abstractos y, en muchas ocasiones, extradisciplinares, cercanos a la filosofía o la antropología. Este texto es un viaje acerca de las preguntas inherentes, pero no siempre escritas, acerca de si existe algo detrás de la función más allá de la posibilidad básica de dar cabida a determinadas necesidades. Si las diversas formas de responder a los requerimientos iniciales de un proyecto de arquitectura dan como resultado también diferentes formas de interacción social, ¿cuál sería el objetivo que impulsaría tales estrategias?,

¿de qué modo estas operaciones han sido teorizadas o conceptualizadas desde la arquitectura?

A pesar de que la primera aproximación teórica a la función está presente ya en aquellos diez libros de Vitruvio, caben pocas discusiones acerca de que fue en el período de la arquitectura moderna donde con énfasis se persiguió incorporar el problema como uno de los ejes centrales de la disciplina. Efectivamente, el debate en torno a la función encuentra su momento más fértil entre la segunda y tercera década del siglo XX, extendiendo su protagonismo hasta los años de la segunda posguerra. Pero resulta mucho más difusa la vinculación entre estas ideas modernas de función y sus raíces históricas, tanto las aportaciones teóricas del siglo XIX como las aproximaciones conceptuales que se desarrollaron en la tradición vitruviana. Es evidente que la pulsión vanguardista de las primeras décadas del siglo XX, tanto de la arquitectura como de las artes, pretendió eliminar todo rastro de continuidad con su tradición inmediata, y el tema de la función no es la excepción. La arquitectura moderna evitó hacer referencia a los diversos e importantes debates que se originaron desde la llamada arquitectura de la Ilustración, sobre las variadas interpretaciones de la idea de *utilitas* de Vitruvio. Y aunque en este pretendido grado cero la arquitectura moderna consiga desplegar un abanico de propuestas para la función que buscan autovalidarse como novedosas, el hilo no siempre se corta, y las deudas teóricas no asumidas con el pasado resultan también evidentes.

Tanto por esta vocación generalizada de dotar de una narrativa funcional a las operaciones proyectuales como por un relato historiográfico muchas veces simplificado, la propia arquitectura moderna terminó vinculada directamente a la función, casi como si de un sinónimo se tratara: «arquitectura funcional», o «arquitectura funcionalista». Asumiendo que la arquitectura moderna se compone de una miríada de ideas que, aunque con intereses de base, se dispersan hacia objetivos variados, no será difícil entender por qué se vuelve necesario distinguir las diferentes formas de pensar la función que germinaron en este período. A su vez, gran parte de la historiografía moderna coloca al problema de la función en consonancia constante con la búsqueda formal, como si la función tuviera siempre a la forma como fin. Si se acepta que la construcción de la forma no es necesariamente el objeto de la función, la pregunta sobre qué otro rol significativo tuvo la misma en la reflexión sobre el pensamiento del proyecto cobra relevancia.

Del mismo modo que el impulso vanguardista moderno generó un lenguaje novedoso y rupturista con las experiencias que le precedieron, estas renovadas concepciones de la función no parten de una recuperación de los modos de vida tradicionales. Si bien el higienismo, el urbanismo y la tecnología (elementos esenciales de la arquitectura moderna) aparecieron para suplir demandas sociales dentro del proceso de modernización de fines del siglo XIX y principios del XX, los arquitectos del período que más fuertemente aportaron a las ideas de función superpusieron a estos requerimientos sus propios intereses de reforma social. Es aquí donde se propone la existencia de la principal paradoja que caracteriza este proceso y que se intentará desentrañar en este escrito: elaborar estrategias funcionales renovadoras implica, al mismo tiempo, modificar ciertos patrones de sociabilidad dentro de los edificios. Igual que el panóptico de Foucault o el laberinto de Borges eran relatados como dispositivos diseñados para guiar intencionalmente ciertas interacciones sociales, varios arquitectos modernos imaginaron y argumentaron estrategias espaciales para transformar, cuando no deformar, modernizando, optimizando, o dotando de sensibilidad poética, el marco social implícito en toda edificación.

En las indagaciones más radicales de la modernidad, la función asume intereses que sobrepasan sus objetivos meramente utilitarios hasta alcanzar propuestas que suponen, implícita o explícitamente, la extensión de un proyecto de arquitectura a un proyecto de reforma social. En estas operaciones el término resulta ya insuficiente, por ello el lector encontrará también a lo largo del libro un abanico de acepciones que buscan dar cuenta de un glosario que retrata las sutilezas que diferencian cada concepción. El estudio de un problema tan vasto como el presente implica también la necesidad de comprometerse con una categorización que acerque a un entendimiento más preciso del lugar que tales ideas pueden tener en la actualidad. Es por esto por lo que, aunque se vale de los materiales de la historia, el presente texto busca dar sitio a una discusión sobre el proyecto de arquitectura, en un recorrido que se acerca más bien a una historia de los conceptos; de cómo ciertas ideas o indagaciones en torno a lo funcional cuentan con un trasfondo argumental que tuvo su desarrollo en esa primera mitad del siglo XX. Así es que el racionalismo, el cientificismo y la economía aplicados a las distribuciones funcionales (eficiencia); la consideración de las particularidades de cada necesidad en su contexto específico (adecuación); la amplitud de las posibilidades funcionales de un mismo espacio (flexibilidad) y el énfasis en la vinculación, sinergia y relato producidos por la propia configuración de las circulaciones (conectividad) componen cuatro ejes paralelos, que recorren recortes historiográficos similares, ordenados cada uno cronológicamente.

Se hace preciso anticipar que, más allá de perseguir la ordenación y relación entre las ideas más importantes sobre la función y los autores que las produjeron en sus diversos contextos, este escrito no pretende ser abarcativo ni completista. Se considera que es posible asumir el riesgo de las omisiones con el fin de acercarse a una síntesis de las voces y experiencias que más han tensado el problema. Las aproximaciones teóricas a la función han sido, en la historia de la arquitectura, escasas y fragmentarias. Un conjunto dispar de ideas, prácticas, argumentos o conceptualizaciones componen el material de lo que, en este escrito, se denominará como «concepciones de la función», dado que rara vez estas aportaciones alcanzan el estatus de una teoría. Aunque cada capítulo presentado contenga un orden interno, nada impide que puedan leerse en un orden diferente al presentado.

Más allá de que sea cuantiosamente mencionado, el tema de la función tampoco ha sido tratado en profundidad en demasiadas ocasiones por parte de la historiografía de la arquitectura moderna. Algunos de los aportes que, aunque dispersos, se vuelven esenciales para trazar la línea de las discusiones sobre la función en el siglo XX son *Der moderne Zweckbau* de Adolf Behne (1926), *Origins of functionalist theory* de Edward De Zurko (1957), *Theory and Design in the First Age Machine* de Reyner Banham (1960), *Changing Ideals in Modern Architecture (1750-1959)* de Peter Collins (1965), «Post-functionalism de Peter Eisenmann (1976), *La génesis y superación del funcionalismo en arquitectura* de Alberto Pérez Gómez (1980), o «The fiction of function» de Stanford Anderson (1987). Se trata de escritos que de una u otra manera reflexionan sobre el lugar de la función en las experiencias modernas. Cabe mencionar además que al presente libro le anteceden algunos contenidos producidos por quien escribe, que son esenciales para entender su construcción, como *El orden de lo imprevisible* (2012), *Glosario de la función en la tradición vitruviana* (2017), «La nave del tiempo. El edificio de oficinas y la indeterminación funcional» (2019), y la tesis doctoral leída en 2020 que hace de base y también da título al actual escrito.

Aunque por su propia naturaleza se entrelacen e incluso se confundan, es posible distinguir entre una noción ecuménica de la función y una noción disciplinar. La primera surge gradualmente a partir de experiencias que nacen de la necesidad más inmediata del ser humano para subsistir, y con el tiempo logra consolidarse y formar parte integral de la cultura de una sociedad. Por otro lado, la segunda surge de una observación activa de estos fenómenos y rápidamente adquiere un grado de acción que transforma la primera y la impulsa hacia un plano más ambicioso. Este material servirá como base para el presente escrito. La función se convertirá en la herramienta principal de la arquitectura para ampliar su alcance, abordando aspectos como la redefinición del límite entre lo público y lo privado, la interacción entre diversas actividades dentro de un edificio, la interconexión entre lo social y lo íntimo, lo individual y lo colectivo, lo accesible y lo inaccesible, lo útil y lo superfluo, la movilidad y la interacción, por mencionar algunas dimensiones y perspectivas.

# Eficiencia

> A diferencia de la inspiración abstracta y extremadamente
> individualista del antiguo arquitecto, el moderno está firmemente
> convencido de que el problema arquitectónico se resuelve
> como cualquier otro: mediante el esclarecimiento preciso de las
> incógnitas y el hallazgo del método correcto de resolución.
> (Moiséi Gínzburg,
> *Nuevos métodos del pensamiento arquitectónico*, 1926)

En una de las definiciones originarias de la función Leon Battista Alberti habla de la necesidad (*necessitas*), que enfoca como una fase inicial del diseño, aplicada a solventar de la forma más eficiente el problema básico del habitar; un primer eslabón para que, mediante una construcción, se pueda dar cobijo a las carencias más básicas. Se trata de una solución primera, probablemente primitiva, antes de que el ser humano se preocupe siquiera por acercarse a la comodidad (*commoditas*). Esta idea de necesidad es también la base de una de las principales preocupaciones de ciertos arquitectos modernos con respecto a la función. El deseo de volver constantemente a esa construcción esencial cuyo único cometido es el de resolver en su más simple expresión la habitabilidad.

Con el tiempo, la idea de eficiencia evoluciona, incorporándose el ámbito científico, dentro del que se busca cuantificar, analizar y poder dar respuestas concretas y palpables a la arquitectura, desligándola de la subjetividad y buscando anticiparse a problemas concretos. El valor individual del arquitecto tradicional es puesto en discusión en favor de soluciones articuladas a partir de metodologías. Pero la eficiencia no se construye solo a partir del pensamiento racionalista, sino que bebe constantemente de otros ámbitos vinculados a la ciencia y las tecnologías, como el funcionamiento de las industrias o de las máquinas, recurriendo a la estandarización o la economía de medios como nuevos objetivos. Dentro de la arquitectura, algunas de las experiencias más notorias persiguen el establecimiento de reglas para posibilitar incluso cálculos o soluciones matemáticas de problemas funcionales.

En mayor medida los aportes teóricos dentro de este marco colocan a la belleza en un segundo plano, recurriendo a planteamientos que muchas veces se acercan al idealismo o a la abstracción. La economía, la complejidad programática, la habitabilidad mínima, la optimización de las distribuciones son algunos de los nuevos desafíos que aparecen a fines del siglo XIX y principios del XX. Como resultado del taylorismo y el fordismo, algunas de las principales herramientas de la eficiencia fueron la geometría, las matemáticas y los diagramas, esenciales para conducir una concepción que, además, contó con trasfondos ideológicos diversos. Así es que la concepción de eficiencia se puede vincular con facilidad al pensamiento de cierta arquitectura moderna con tintes racionalistas en búsqueda de soluciones universales. Se trata, al fin y al cabo, de un modo de entender la función más básica y replicable de los objetos; el desarrollo de cierta metodología que, haciendo nuevamente eco del espíritu de los tratados de arquitectura más tradicionales, permite al diseñador resolver problemas funcionales con garantía de éxito.

## Representación de lo verdadero

Es posible encontrar los primeros atisbos de una concepción de la eficiencia en Carlo Lodoli, descendiente del pensamiento racionalista, quien se destaca además por ser uno de los primeros críticos de Vitruvio, a quien cita irónicamente, oponiéndose a gran parte de sus postulados. Esta apuesta no se funda en un rechazo particular a las ideas del autor romano, sino que, colocándolo como referente, lo utiliza para realizar un ataque con intereses más profundos contra algunos de los argumentos centrales del sistema clásico, encontrando una debilidad en esa frágil relación entre el sentido original de un elemento constructivo y el modo en que el mismo se representa a través de los órdenes. En la Italia del siglo XVIII, por medio de una crítica incisiva, Lodoli se adelanta a su tiempo, reclamando a la arquitectura un cuidado en esa expresión casi simbólica de la verdad funcional, adentrándose incluso en la que considera una necesaria continuidad entre la imagen exterior de un edificio y su corazón interior.

La práctica de Lodoli se funda en una crítica feroz, exigiendo sin tapujos la condena de edificios que, ya sean antiguos o modernos, irrumpan con algún tipo de falsedad. Uno de sus principales ataques apunta a la honestidad técnica de los edificios: una estructura que aparenta lo que no es en realidad, o un material que busca parecer otro. Las ideas de Lodoli se anticipan a algunos de los debates que tendrán lugar en el siglo XIX y XX y que conforman la noción de eficiencia no solo técnica, sino también funcional, ya que, lejos de la belleza como objetivo ensimismado, el autor italiano centra su atención en el origen utilitario, lo cual lo liga inevitablemente con las hipótesis de necesidad de Alberti, y las construcciones primitivas básicas. Alberti había conseguido, mediante las nociones de necesidad y comodidad, separar los requerimientos primarios del hombre, esos que lo vinculan aún con lo salvaje, de una funcionalidad ya ligada a lo estético. Según explica en *De re aedificatoria*, las primeras construcciones del hombre no tenían otro objetivo más que protegerse de las adversidades de la naturaleza; mientras que, en un segundo paso, una vez alcanzada la necesidad, comenzaron a preocuparse por un confort que permitiera acercarse al placer. De algún modo, la apuesta de Lodoli es la de conectar nuevamente con esa construcción primera, ya que el exceso ha conducido a perder el rastro de lo esencial.

Varios historiadores mencionan que Lodoli, además de discutir tempranamente alguna de las bases que sustentan el sistema clásico, se anima a su vez a proporcionar ciertos principios para sustituirlo, basados en su propio conocimiento de la tectónica. Lodoli defiende la vinculación entre lo que él entiende como función (*funzione*), el sentido funcional primero de un edificio, y representación (*rappresentazione*), el reflejo de ese sentido funcional. Esta operación se explica mejor en el proceso casi lineal de formar, adornar y mostrar. Desde este punto de vista, los elementos del sistema clásico deben posicionarse como emisores de la finalidad estricta a la cual deben su sentido. No se trata tanto de negar el ornamento, como de exigirle su justo lugar en relación con su esencia constructiva.

El pensamiento de Lodoli llega hasta nuestros días gracias a la interpretación que de este hicieran sus discípulos, Francesco Algarotti y Andrea Memmo. Como uno de sus principales divulgadores, Algarotti difunde, pero a su vez rebate, las posturas de Lodoli en *Saggio sopra l'architettura*, de 1763, ya que busca recuperar ciertos valores de la Antigüedad clásica con vistas a una alternativa de un Barroco que ya se encontraba en claro agotamiento. Lo que

Algarotti toma de Lodoli es la crítica al regocijo que se basa en el puro ornamento y que se aleja de cualquier regla de construcción[1]. Su caso ejemplar es Palladio, de quien dice que «no colocó nunca en las fachadas de los templos dos órdenes superpuestos, sino que acostumbró siempre a realizarlas de tal modo que, por así decirlo, podía leerse en el frente de un edificio la manera como estaba construido por dentro»[2]. En efecto, no solo en los templos, sino en gran parte de la obra de Palladio es posible encontrar esta ligazón entre expresión exterior e interior. No en vano utiliza, en *I quattro libri dell'architettura*, la planta y el alzado, o la sección, en correspondencia, para hacer gala de una continuidad geométrica en las diversas partes del edificio. El proyecto de la Basílica Palladiana de Vicenza (fig. 1), en la que trabaja desde 1549 hasta su muerte, y que publica en *I quattro libri*, es un ejemplo evidente. El orden toscano de la *loggia* en la planta baja se corresponde con las aperturas del volumen cerrado que conforma el interior de la basílica. Asimismo, este cuerpo interior queda oculto en los dos primeros niveles por la *loggia* que lo envuelve, pero emerge en un tercer nivel, haciéndose visible desde la *Piazza dei Signori*. Esta transparencia entre lo que se ve y lo que el edificio es confirma esa honestidad que reclamaba Lodoli. Palladio recupera también el origen funcional de la basílica romana, perdido desde que en la Edad Media pasase a ser la matriz del templo cristiano, con su simetría biaxial, ya sin foco en el altar, devolviendo su sentido original de centro cívico.

A pesar de los ejemplos, Algarotti reniega de esa condición lodoliana puramente ideal a la que apenas algunos pocos edificios son capaces de responder de forma completa. De este modo asume la abstracción de las ideas de su maestro afirmando que función y representación difícilmente puedan mantenerse unidas de principio a fin, sin interrupciones. La oposición de Algarotti se funda sobre todo al inyectar la noción de naturaleza en la matriz del pensamiento cartesiano de Lodoli. Según Algarotti, la propuesta de su maestro llevaría al arte a un grado de racionalidad tal que superaría las leyes propias de la naturaleza, ya que esta última contiene elementos que carecen de una estricta función, análogos a los adornos. Para Algarotti incluso en la naturaleza es posible encontrar elementos que solo se expliquen por su belleza careciendo por

---

1. «Hemos de creer que el filósofo ni tan siquiera se hubiera decidido jamás a aceptar la más mínima existencia de belleza en donde no se encontrase alguna utilidad. [...] No se deberá dar forma, insiste, a nada que no tenga también una auténtica función. Daremos con toda propiedad la denominación de abuso a cuanto se aleje, sin importar en qué medida, de ese principio, verdadero fundamento y piedra angular sobre el que ha de reposar el arte de la arquitectura». Algarotti, Francesco, *Saggio sopra l'architettura* (Venecia: Stamperia Graziosi a S. Apollinare, 1784), p. 19. (Ed. orig. 1753).

2. *Ibid.* p. 20.

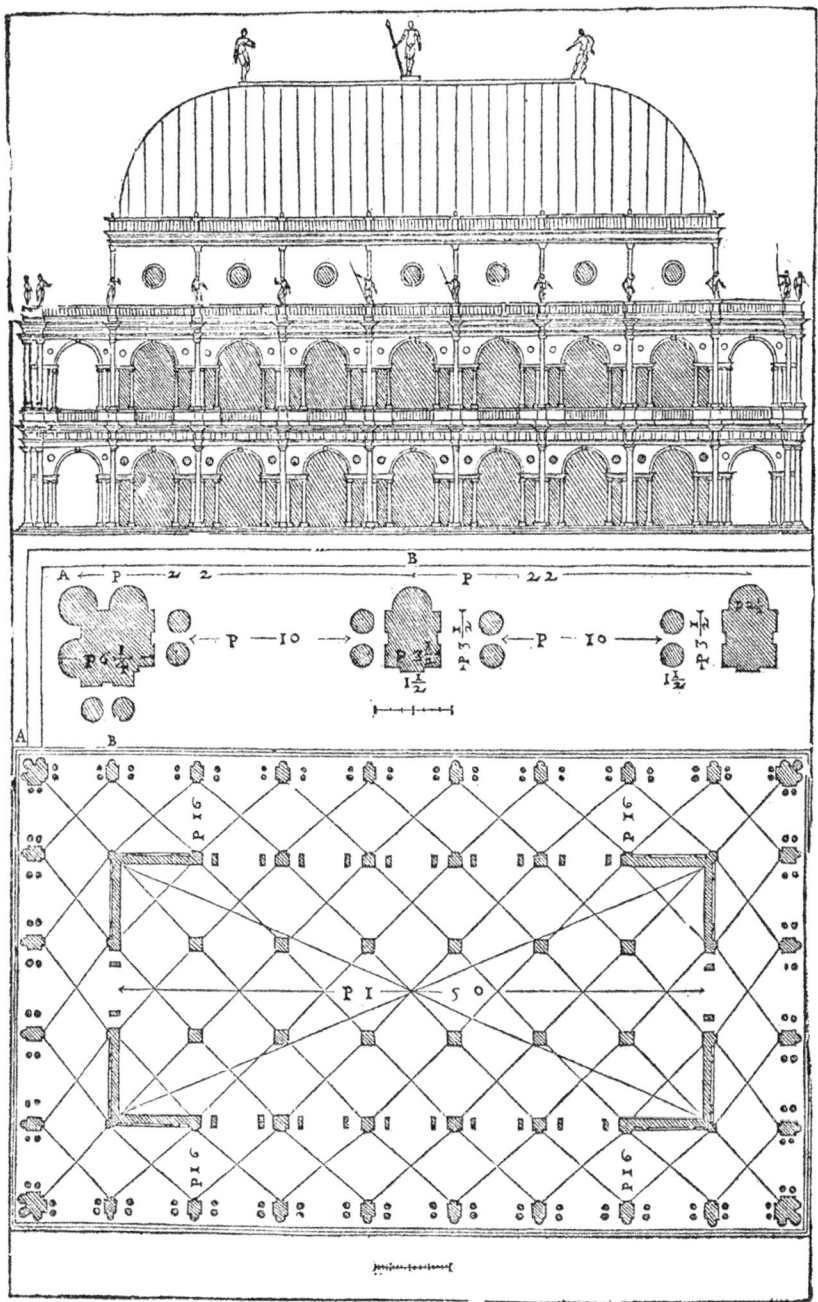

Figura 1. Palladio, Andrea. «Basílica Palladiana. Planta y Elevación». Venecia: I quattro libri dell'architettura. 1570, 1549

completo de función, como las mamas en animales machos[3]. Con ello anticipa también un debate moderno que atañe tanto a la noción de eficiencia como a la de adecuación: el del riesgo de pérdida que supone perseguir el objetivo casi platónico de un objeto que solo responda a su función en todas sus partes, quizás mejor definido por Memmo, cuando dice que «la recta función y la representación son los dos únicos objetivos finales científicos de la arquitectura»[4]. A pesar de esta afirmación, en este marco de pensamiento la función debe sostenerse también sobre una base científica. La representación debe remitir siempre a lo verdadero, ya que lo que es falso nunca merece ser representado.

Memmo reafirma la conocida cita de su maestro de que «todo lo que en arquitectura está en representación debe estarlo también en función», es decir, que «el edificio debe concebirse como una representación de su propio fin». Estas citas bien podrían entenderse como síntesis de un conjunto de ideas que recién tendrán una valoración significativa en el siglo XX, ya que la radicalidad de sus supuestos teóricos no tuvo alcance efectivo en la arquitectura de Italia de mediados del siglo XVIII, momento en que fuera planteada.

## Sistema total

La potencia de las ideas traspasadas de maestros a discípulos no solo tuvo a Lodoli como ejemplo. Como profesor de la École Polytechnique desde su fundación en 1795, Jean-Nicolas-Louis Durand busca dar forma, a través de la enseñanza de la arquitectura, a las prestaciones para una sociedad revolucionaria, en sintonía con las que Napoleón exigiera en el poder. Durand elabora una pedagogía del proyecto arquitectónico sin precedentes persiguiendo un método abstracto que permita al arquitecto la resolución de cualquier tipo de programa arquitectónico, sin importar su tamaño o complejidad. De este modo construye el rol de ese proyectista capaz de dar solución a un problema a

---

3. «Quizás diga que se pretende ir con excesivas sutilezas y hacer que el arte de construir del hombre sea más exigente que la naturaleza misma en sus obras; pues esta, aunque jamás actúa en vano y hace todo con medida y razón, sin embargo al haber puesto mamas incluso a los animales machos y haber cubierto con un penacho las cabezas de muchas aves y realizado otras cosas semejantes, carentes de cualquier utilidad, parece como si se hubiera complacido con lo que es mero ornamento y que, a veces, también ella ha condescendido en sus productos con una belleza nada mecánica». Hereu, Pere, Montaner et al., *Textos de arquitectura de la modernidad* (San Sebastián: Nerea, 1994), p. 20.

4. Lodoli, Carlo. Citado en González, José Luis, *El Legado oculto de Vitruvio. Saber constructivo y teoría arquitectónica* (Madrid: Alianza Forma, 1993), p. 128.

través de una matriz de pensamiento racionalista, aplicando un rigor geométrico que acerque el proyecto a la factibilidad.

Aunque en numerosas ocasiones se haya visto en Durand el fin de la tradición vitruviana[5], lo cierto es que el sistema clásico le servirá como pie para aplicar estas reglas proyectuales basadas en la economía y la funcionalidad. Étienne-Louis Boullée, para quien Durand había trabajado, ya había ampliado las posibilidades del clásico mediante exacerbaciones en la escala y la repetición. Durand, en cambio, buscará la componente racionalista, controlando los exabruptos de la imaginación, e interpretando a los órdenes clásicos como una serie de elementos repetitivos con una regla interna distribuida según un sistema geométrico.

Anticipada ya por Vitruvio y más tarde por Blondel, la consideración de una economía (économie) en la arquitectura había estado relacionada con el concepto de distribución (distributio y distribution, respectivamente). Para Vitruvio la distribución tiene que ver tanto con la correcta utilización de los materiales, el terreno y la economía, así como con el destino y distribución de los edificios según los requerimientos de los destinatarios. Para Blondel, en cambio, se acercaba a la distribución óptima de las circulaciones, con el fin de facilitar los recorridos internos. La idea de economía de Durand estará a medio camino entre ambas. El giro, en apariencia simple, de construir de una manera menos costosa supone un cambio drástico en una arquitectura en la que el coste nunca había conformado un valor en sí mismo; nunca había sido componente central del pensamiento disciplinar. A pesar de esta exigencia, la apuesta no conduce necesariamente a un racionalismo ciego. Durand persigue también un resultado estético de esta operación: una arquitectura que denote belleza en su austeridad de recursos, no solo estéticos, sino también funcionales. Según el autor, «en arquitectura la economía, lejos de ser, como se cree generalmente, un obstáculo a la belleza, es por el contrario su fuente más fecunda»[6]. Ya en la «Introducción» de su Précis des leçons d'architecture comienza señalando que la arquitectura es el arte que cuesta más dinero y que los gastos de una obra pueden significar un problema para el Estado, embarcándose en un crítica a edificios como el Palacio de Versalles, Santa Genoveva o San Pedro; ejemplos de obras con costos desmesurados que por esto

---

5. Según Rafael Moneo alguno de estos autores serían Emil Kaufmann, Wolfgang Herrmann, Joseph Rykwert, Anthony Vidler, Manfredo Tafuri y Henry-Russell Hitchcock. Ver el «Prólogo» en Durand, Jean Nicolas Louis, *Compendio de lecciones de arquitectura: parte gráfica de los cursos de arquitectura* (Madrid: Pronaos, 1981). (Ed. orig. 1805).

6. *Ibid.* p. 15.

mismo no consiguen, según el autor, magnificencia. Durand, consciente de su pragmático planteamiento, expresa que «según la mayor parte de los arquitectos, la arquitectura no es tanto el arte de hacer edificios como el de decorarlos»[7]. El gasto de la decoración la hace de este modo prescindible[8]. Se tiende así un puente entre la arquitectura y la ingeniería casi inexistente hasta ese momento. La base para la aplicación práctica de esta economía será la geometría, expresada con más especificidad en la simetría, harto presente en la tradición vitruviana, pero sobre todo en la retícula como herramienta de proyecto.

A diferencia de Vitruvio, Durand considera que los elementos de la arquitectura ligados a la necesidad tienen la misma importancia que los vinculados directamente a los órdenes, remarcando las notables diferencias entre las proporciones del cuerpo y los órdenes, y la escasa precisión que guarda esta relación. Oponiéndose al mismo tiempo a Laugier, considera que la cabaña primitiva es un primer ensayo de refugio apenas aceptable, y con nulos resultados artísticos. Durand rechaza también la hipótesis por la cual el hombre, apenas después de haber formado sociedad y haber cubierto sus necesidades básicas, habría buscado belleza en la decoración. Para el autor tampoco es posible continuar la labor iniciada por Laugier de discutir y perfeccionar distribuciones de edificios tradicionales, sino que es preciso un replanteo de raíz que los nuevos programas exigen. Serán los elementos del sistema clásico los que le permitirán ahondar en estos modos de composición (composition), un término presente constantemente en el debate francés.

La composición se vuelve imprescindible en el momento en que, según Durand, no es posible enseñar a diseñar todos los tipos de edificios. Se trata de un método más abstracto en el que se puede obtener un conocimiento general de organización y estructuración del espacio para avanzar frente a los constantemente renovados desafíos funcionales[9]. A diferencia del sistema clásico, y aunque los órdenes sigan presentes, la composición se basa en relaciones entre espacios y circulaciones, las cuales se desarrollan a través de una rigurosa geometría en planta. Aquí es donde la cuadrícula característica hace su aparición como herramienta de diseño, como material base presente posteriormente en varias de las conceptualizaciones de la eficiencia en la función,

---

7. *Ibid.* p. 10.

8. *Ibid.* p. 8.

9. «Se debe dar uno cuenta de cómo el estudio de la arquitectura, reducido a un pequeño número de ideas generales y fecundas, a un número poco considerable de elementos pero que bastan para la composición de todos los edificios; a algunas combinaciones simples y poco numerosas, pero que cuyos resultados son tan ricos y tan variados como los de las combinaciones de los elementos del lenguaje». *Ibid.* p. 21.

y también como lenguaje propio de la arquitectura del siglo XX; la misma es capaz de aunar la racionalidad geométrica, la economía y la belleza. De este modo la composición se presenta como el esqueleto en el que se soporta todo el lenguaje característico de esta concepción funcional. El mismo Durand aclara que la composición va de lo general a lo particular, pasando por las diversas «partes» de un edificio, hasta llegar al detalle. En similitud con la definición de «compuestos» de la *Encyclopédie*, no basta con conocer las piezas del reloj por separado, ni tampoco el mecanismo completo funcionando, sino que es en la conjunción donde yace la esencia del compuesto[10]. Durand pone a prueba su metodología con una serie de ejemplos publicados dentro de *Précis des leçons d'architecture*. En ellos se establecen las dos escalas de trabajo, la del «conjunto» y la de la «parte». En la primera se define la geometría general de las estancias, basadas principalmente en el cuadrado, el rectángulo o el círculo. Las diferentes estancias se ordenan linealmente, centradas en un eje que no solo corresponde al centro geométrico, sino que también indica el recorrido interior, y sobre él se disponen las puertas que vinculan los distintos ambientes interiores entre sí. Mientras tanto, en los patios, una galería exterior cubierta a modo de claustro se propone como segunda circulación. La solución no resulta novedosa; lo que prima en sí es el rigor geométrico y constructivo aplicado a los diversos proyectos; la posibilidad de combinar espacios interiores de escalas y cualidades completamente diferentes utilizando la misma estrategia. Es el dominio de un lenguaje mediante una estricta labor geométrica, en la que la retícula siempre está presente como base. En estos ejemplos la función está suspendida, y lo que se desarrolla es un esquema de organización virgen. Esta organización no es más que una relación abstracta de recintos a los que se les asignará una actividad y que no están ligados en principio a ninguna actividad concreta, con lo que la función como tal no se materializa en el edificio. Lo que establece el método es una jerarquía para los ambientes, un boceto que absorba las complejidades de cualquier programa requerido. Ello supone una vinculación entre las particularidades y las generalidades de las construcciones. Como comenta Edward De Zurko: «Según Durand, la utilidad no provenía de la satisfacción de la mera idiosincrasia, capricho, arbitrariedad

---

10. En la «Segunda Parte» de *Précis des leçons d'architecture* Durand analiza las diferentes «partes» de un edificio como una serie de espacios que, también divididos en «primarios» y «secundarios», virtualmente contienen un origen funcional, como salas, porches, escaleras o patios. El autor explica en detalle el uso contenido en cada uno de ellos como si de células se tratase. En la «Tercera Parte» se habla del «conjunto», es decir, del edificio como totalidad, que se conforma con la unión de las «partes» mediante el sistema geométrico de ejes y retículas.

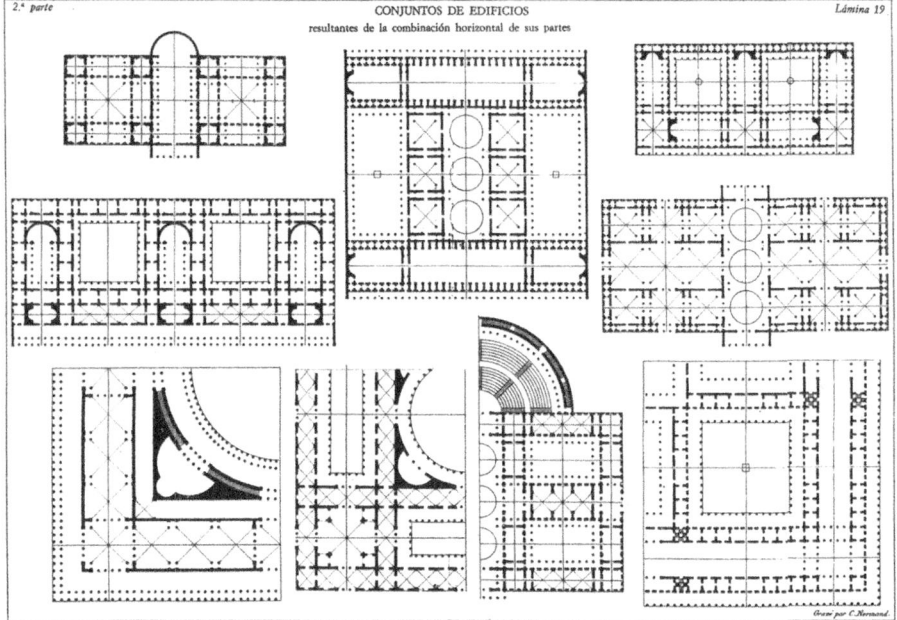

Figura 2. Durand, Jean Nicolas Louis. «Conjuntos de edificios». París: Précis des leçons
d'architecture données à l'École Royale Polytechnique. 1805, 1805

o egoísmo personales. Al igual que para Hume, Adam Smith y otros autores del
siglo XVIII, el concepto de utilidad significó moralmente para él, ante todo, utilidad pública y el bien para el individuo»[11].

La composición de Durand no es otra cosa que un método proyectual
(fig. 2), con una fuerte pretensión didáctica. Con ella el proceso de proyecto alcanza como pocas veces la categoría de método definitivo, sin concesiones particulares. La división de tipos de edificios en públicos y privados que establece
dentro de la *École polytechnique* resulta general; el conocimiento particular de
cada programa es rechazado por un conocimiento del método. Según Rafael
Moneo esta neutralidad inicial solo se supera con el *parti*, esa idea genera-
dora a partir de la cual la composición se vincula con el programa requerido
específicamente[12].

---

11. De Zurko, Edward, *La teoría del funcionalismo en la arquitectura* (Buenos Aires: Nueva Visión,
1970), p. 162. (Ed. orig. 1957).

12. «El acierto del arquitecto radica en identificar el "parti" adecuado al programa sobre el que
se trabaja y Durand da pistas de cómo en los "partis", en cuanto que estructuras capaces de asumir
más tarde la condición de edificios, cabe establecer diferencias a pesar de su aparente neutralidad».
Moneo, Rafael, «Prólogo» en Durand, *Compendio de lecciones de arquitectura: parte gráfica de los cursos
de arquitectura.*

La síntesis de Durand conduce a una metodología racionalista que dejará a la función definitivamente atada a un sistema de composición basado en la geometría. El autor consigue cerrar el círculo de necesidades de su tiempo, llevando al sistema clásico al límite de la racionalidad, pero sin abandonarlo. Muy diferente resultará la idea de composición acuñada posteriormente por la *École de Beuaux Arts*, donde la relación con la función y la metáfora de la máquina será dejada de lado por la monumentalidad y el formalismo. Es quizás por esta razón que el relato de la eficiencia salte desde las prematuras propuestas de Durand, en las que se asientan definitivamente las bases para una concepción de la eficiencia, hasta las experiencias de la arquitectura moderna, ya en las primeras décadas del siglo XX.

## Método funcional

Pocos autores se han acercado más a la elaboración de una teoría sobre la función que Moiséi Gínzburg, en la Unión Soviética. Su contribución resulta tan esencial como única, y su preocupación por definir las bases para una verdadera arquitectura moderna lo lleva a indagar de un modo cientificista, involucrándose profundamente en los procesos modernos y extrapolando estos conocimientos al propio ámbito de la arquitectura. En los escasos años que van de 1923 a 1927, y con un puñado de textos, Gínzburg detecta el modo en que la función puede ser desarrollada objetivamente atendiendo a los requerimientos de una sociedad en proceso de transformación hacia el socialismo. Al mismo tiempo, contempla un ámbito ampliado para la arquitectura, en el que otros actores sociales y políticos deben ser incorporados al hacer proyectual.

Para empezar, las características de gestación de la arquitectura moderna tendrían que ver, según Gínzburg, con las coyunturas políticas de cada región y sus formas de organización social y productiva. El socialismo tendría el rol de construir una nueva base, una reorganización de la economía que impactaría directamente en el urbanismo, la arquitectura y, por ende, en las relaciones sociales. Para Gínzburg, en cualquier marco social y productivo, el arquitecto debe poder determinar las «funciones generales», es decir, los programas. Dentro del caso específico del socialismo de la Unión Soviética, estos serían la fábrica, la vivienda y los servicios comunitarios. La definición de estos programas es el contenido para un «método funcional», que busca ser la base en la cual se asienten los cimientos de una arquitectura moderna internacional. Este método no es otra cosa que la integración en el proyecto de arquitectura de una serie de funciones, producto de la coyuntura social concreta, que permitan una mejora y una transformación real de los modos de vida.

Desde estas premisas, quizás por primera vez, se interpreta a la función como plataforma para la transformación social, y a la arquitectura como servicio para un usuario con nuevas demandas, que exige modos de socialización renovados. Gínzburg propone que la construcción de este «método funcional» no debe quedar en las ambiguas manos del arquitecto individual, figura tradicional de la disciplina desde el Renacimiento, sino que debe incorporar la acción conjunta de todas las organizaciones sociales y políticas[13], haciendo que el método sobrepase en dimensiones el marco de la propia arquitectura.

Resulta evidente que, para Gínzburg, la arquitectura moderna, que tendrá para él a Le Corbusier como principal referente, aún no se ha consolidado en su tiempo como estilo, sino que se encuentra en vías de desarrollo, por lo que resulta necesario seleccionar referencias claras en las cuales apoyarse. La más importante para él será la de la máquina, en clara consonancia con la función. A diferencia de la lectura poética e incluso formal que Le Corbusier plantea en 1923 en *Vers une architecture*, Gínzburg centra su atención en el estricto funcionamiento de la máquina, considerando que la misma no contiene ni un solo elemento que no responda a una necesidad particular. «Lo que encontramos en la máquina, esencial y primordialmente, es la más clara expresión del ideal de la creación armoniosa, que hace ya mucho tiempo fue formulado por el teórico italiano, Alberti»[14]. Y, en este caso en consonancia con Le Corbusier, afirma que es el ingeniero y no el arquitecto quien muestra hasta el momento el camino al futuro, ya que para cada problema requiere de una acción con base científica, un cálculo que lo eleva más allá de su capacidad creadora. Pero al mismo tiempo intenta diferenciarse de la lectura «simbolista» de la máquina, asumiendo que la arquitectura también debe ser capaz de absorber la lógica del ingeniero en su marco disciplinar[15]. Para lograr esto último resulta necesario despejar «las incógnitas de nuestro tiempo», que llevarían al arquitecto a actuar en consonancia con el ingeniero, es decir, con un método racional que se aleje de lo subjetivo, y para esto Gínzburg reclama la atención al nuevo usuario social de la arquitectura, la clase obrera[16]. Así, el «nuevo arquitecto»

---

13. Gínzburg, Moiséi, «Éxitos de la arquitectura moderna,» en *Moiséi Gínzburg. Escritos, 1923-1930*, ed. Garrido, Ginés (Madrid: El Croquis, 2007), p. 306. (Ed. orig. 1927).

14. «Estilo y época,» en *ibid.* p. 169. (Ed. orig. 1924).

15. «Nuevos métodos en el pensamiento arquitectónico,» p. 247.

16. *Ibid.* Gínzburg aclara también que no se trata de entender los gustos de la clase trabajadora, sino exclusivamente sus particularidades, que la elevan al rol de un nuevo usuario histórico. Aún así,

deberá ser capaz de imaginar «patrones» de organización urbana, asumiendo la responsabilidad de proponer beneficios a la misma sociedad[17].

Gínzburg describe lo que entiende como «método funcional», que no será otra cosa más que el análisis de todas las circunstancias funcionales que un proyecto requiere, que se clasifican y se organizan según posibles soluciones. La resultante espacial sería, al modo de una máquina, distribuida como un sistema, en consonancia con la herencia de Durand: cada parte cuenta con un objetivo particular; un «organismo inteligente» articulado mediante «órganos separados». Esto último conduce naturalmente a la asimetría, a la planta libre y abierta, a la necesidad de iluminación y ventilación naturales en cada recinto. El edificio, entendido como un puro producto de la función sería, siguiendo los pasos de Gínzburg, el resultado de una ecuación que incluiría la incógnita, el método y el cálculo.

En el desarrollo del «método funcional» el arquitecto debe ordenar entonces los requerimientos desde lo principal a lo secundario, en cuatro etapas diferenciadas. Habría, según el autor, un primer paso básico que tendría que ver con la definición de un programa y sus dimensiones; el segundo sería el de ordenar el espacio interior, con materiales y sistemas constructivos que consideren la primera función general; el tercer paso lo llevaría a ordenar los volúmenes exteriores, según masas y ritmos[18]; el cuarto y último tendría que ver con el modo de materializar las superficies de los muros, aberturas, apoyos[19]. Cada paso es expuesto como un preciso método de trabajo, que requeriría también de una serie de herramientas gráficas que consolidarían el proceso en una forma arquitectónica. Dichas herramientas aparecen a través de la observación interesada del proceso productivo de una fábrica. El autor afirma que la fabricación es un proceso dinámico y al mismo tiempo lineal, con diferentes etapas que se dividen con exactitud. Este proceso puede sintetizarse en lo que denomina el «gráfico de movimientos», un esquema dinámico que paradójicamente busca consolidar un «sistema estático», es decir, un movimiento

---

esta labor acerca del usuario y sus particularidades no será desarrollada con precisión por Gínzburg. Este es un tema central que sí indagará Hannes Meyer en Alemania.

17. El autor también afirma que el modelo de la ciudad jardín es el mejor para los poblados soviéticos, y que para aplicarlos resulta necesario luchar contra la mentalidad de políticos que siguen viendo la arquitectura de un modo tradicional.

18. Este tema había sido desarrollado por Gínzburg unos años antes en *El ritmo en la arquitectura*, y *Estilo y época. El problema de la arquitectura moderna*.

19. «El método de creación funcional conduce a un único proceso creativo, orgánico, donde cada tarea deriva de otra con toda la lógica del desarrollo natural. No hay un solo elemento ni una sola idea del proyecto del arquitecto que sea aleatorio. Todo encuentra para sí una explicación y una justificación funcional dentro de su carácter racional». *Ibid.* p. 251.

que, traspasado a un esquema final, daría como resultado una forma concreta. Así, en la fábrica, el «gráfico de movimientos» sigue la línea de la cadena de montaje, pero al mismo tiempo es requerido un «esquema de equipamientos» estático, constituido por la maquinaria necesaria para realizar el proceso, y la distribución del mismo dependería, por supuesto, del mencionado «gráfico de movimientos». De esta manera Gínzburg define una herramienta arquitectónica derivada de un método, al convertir la organización espacial en un cálculo científico[20].

En estos diagramas reside para Gínzburg el espíritu invisible de la función, que es la que da sustento a la arquitectura moderna. Los diagramas son el traspaso objetivo, desde el pensamiento al espacio, de una solución funcional óptima. «Mediante el gráfico se perfila una primera aproximación espacial del objetivo arquitectónico»[21]. Por lo mismo, el gráfico no se corresponde solo con un diagrama de información, sino que se trata de un diagrama espacial que incluye el germen de la organización del proyecto. Lo que sigue es cubrir este proceso con un envoltorio arquitectónico acorde. En este paso Gínzburg refiere a una solución espacial, que se adecúa exactamente a la función «al modo de un guante», con una definición que también utilizará Hugo Häring, aunque con resultados claramente opuestos. Además, el proceso productivo central, el de la fabricación, debe incorporar también otro tipo de proceso secundario, vinculado a las actividades propias de los obreros: los movimientos, aseos, vestidores, o comedores, lo cual requiere de un gráfico secundario. Gínzburg concluye que no se trata solo de un gráfico productivo, sino también humano, y que la atención debe ser la misma[22]. Si la concepción de este método nace de los procesos de producción, él se propone demostrarlo también en la arquitectura. Así, todos los programas, ya sean viviendas, cines, clubes, deberían ser «analizados, fragmentados y materializados» con el mismo método, y con la misma exactitud que un proceso productivo.

Lo que Gínzburg entiende por una correcta resolución funcional quizás deba encontrarse en la apreciación que él mismo hace de la organización que

---

20. «Un desarrollo minucioso del gráfico de movimientos y del esquema de equipamientos, ciertamente aporta carácter científico al proceso productivo. A mayor precisión en los diagramas, mayor acierto en el objetivo. En realidad, el proceso productivo ya está resuelto con los diagramas». «Éxitos de la arquitectura moderna,» p. 294.

21. «El constructivismo como método de trabajo, de investigación y enseñanza,» p. 340.

22. «Podemos afirmar sin temor a equivocarnos que cuanto más radicales y claros sean los gráficos de movimiento y los esquemas de equipamiento, más firme, precisa y brillante será la solución arquitectónica. Un proceso productivo y humano radicalmente nuevo, lógicamente, tendrá como resultado una forma arquitectónica radicalmente nueva». «Éxitos de la arquitectura moderna,» p. 297.

Henry Ford desarrolla en sus industrias norteamericanas. Gínzburg cita en el mismo artículo a Ford, quien explica que la distribución de las máquinas y el aprovechamiento del espacio responde a un cálculo científico, el cual permite ahorrar tiempo y economizar al máximo el espacio[23]. Así, la lectura del modo de vida del usuario en Gínzburg nace del pragmatismo fordista de entender al usuario como una pieza más de una maquinaria social, que se caracteriza, al menos en una primera fase, por el aprovechamiento del espacio y el tiempo. Para él, y en esto reside uno de los puntos claves de la eficiencia, las actividades de las personas deben ser economizadas como si se tratara de una fase del proceso productivo. Se debe aprovechar cada centímetro de superficie disponible y reducir el recorrido al mínimo posible. En el «gráfico de movimientos» Gínzburg supera además la idea de programa arquitectónico establecida sobre todo por la tradición francesa, en especial por Viollet-le-Duc y Guadet, en la cual la premisa se basaba en unas dimensiones genéricas necesarias para cada actividad. El autor se propone estudiar las necesidades concretas, en su complejidad y sus dinámicas, incluyendo sus movimientos, velocidades y características[24].

En este enfoque Gínzburg identifica que la práctica de la disciplina se ha estancado en perpetuar soluciones funcionales tradicionales que no se han revisado con detenimiento. Continuando su inspiración en Ford y en la explicación que él mismo da sobre el hospital que realizó en Estados Unidos, persigue el análisis pormenorizado de las funciones[25], y sus interrelaciones, considerando cada movimiento y gasto de energía, tanto psíquica como física. Para cada programa existiría entonces un «gráfico de movimientos» específico. Así, desarrolla el gráfico para un cine (fig. 3), concluyendo que apenas se diferencia de un proceso industrial, ya que la dirección es solo una, lineal, y debe salvarse en el menor tiempo posible. A su vez estudia el «esquema de equipamiento» y enumera actividades específicas del programa, desde la recepción hasta los asientos. Estos dos diagramas superpuestos determinarían su forma arquitectónica. También enfoca el método funcional a la vivienda. En este caso el «gráfico de movimientos» se concentra en los recorridos internos

---

23. Ver *ibid.*

24. Si bien Gínzburg propone este método, el mismo será mejor desarrollado por Hannes Meyer en la Bauhaus, haciendo especial énfasis en las relaciones sociales.

25. En palabras de Ford: «En cualquier hospital las enfermeras se ven obligadas a realizar demasiados movimientos. Pierden más tiempo en sus traslados que en la atención a los enfermos. Este hospital se ha adaptado para ahorrar desplazamientos. Cada habitación es como una unidad completa. Aquí hemos actuado de la misma forma que en nuestra fábrica, tratando de eliminar los movimientos innecesarios». Ford, Henry, *Mi vida, mis logros*, citado en *ibid.* p. 298.

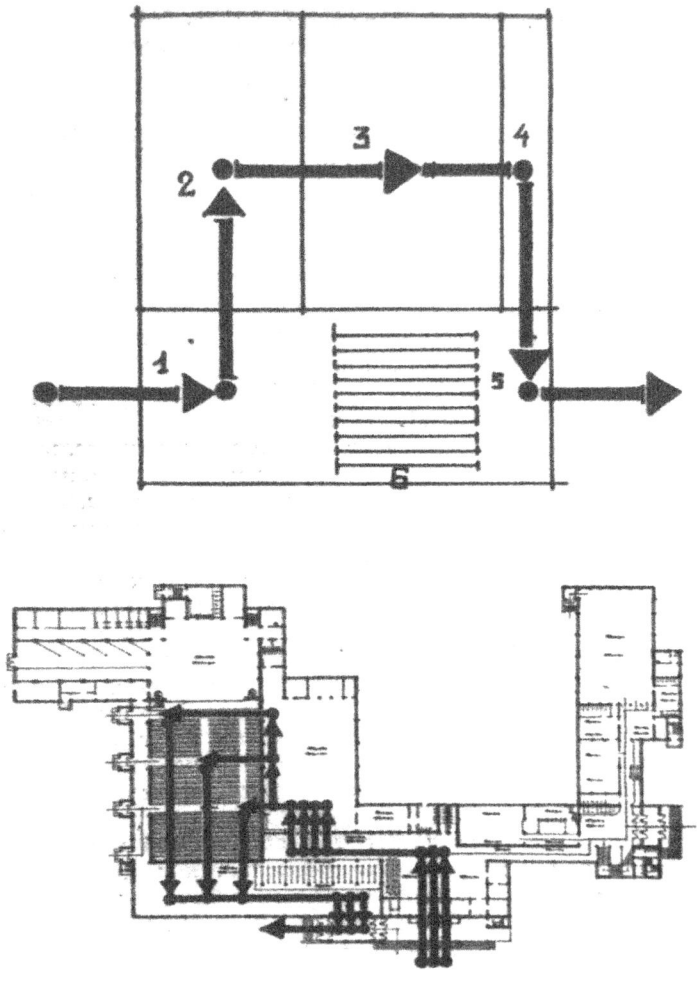

Figura 3. Gínzburg, Moisei. «Gráficos del movimiento y circulaciones en un cine». Moscú: «Éxitos de la arquitectura moderna», SA n° 4-5, 1927

de una habitación a otra (lo ejemplifica con un esquema de Bruno Taut y con la planta de la residencia en Avery Coonley de Frank Lloyd Wright) de modo similar a como lo desarrollará también Alexander Klein[26] bajo el concepto de

---

26. Con un enfoque más práctico, pero en una línea similar a la de Gínzburg, en la Alemania de la primera posguerra Alexander Klein, quien también se había formado como arquitecto en Rusia, indagó en la optimización de las distribuciones de planta para la vivienda de trabajadores, lo que Ernst May denominó como «alojamiento mínimo», y que tenía el objetivo principal de reducir la escasez de vivienda en la Alemania del período de entreguerras. Para esto Klein estudió en la «vivienda mínima» (*Kleinwohnungen*), un mapa de posibilidades para una misma célula, evitando la fricción indeseada entre

«alojamiento mínimo» (*Exsistenzminimum*)[27] en Alemania. Gínzburg asume que «estos movimientos deben analizarse de igual modo que los de una cadena de montaje. El principio del ahorro sigue aplicándose igual que en una fábrica, pues no es lógico malgastar energías en movimientos y trayectos excesivos»[28].

En líneas generales, para Gínzburg la arquitectura es un fenómeno derivado de su propio tiempo, e interpreta que los hechos acaecidos en la Revolución Rusa son los que sirven para engendrar una nueva arquitectura. Según él, cuando un fenómeno de tal magnitud ocurre, el arquitecto debería prepararse para concebir los «condensadores sociales» de su época. Este «condensador social», que tendría ciertas vinculaciones con las propuestas del socialismo utópico de Fourier, es una propuesta abstracta y novedosa hasta tal punto que casi podría suplantar al término arquitectura, ya que se entiende como una estructura espacial basada estrictamente en la interpretación de un marco social en un momento de cambios profundos. Se trata de un espacio identificado directamente con un nuevo modo de vida que no sería fruto de una lectura de los hábitos, como hasta el momento se había considerado en la tradición de las teorías de la función, sino que es el propio arquitecto quien debe asumir la responsabilidad de proponerlo. Gínzburg reafirma que el «método funcional» es fruto de la revolución social y del avance de la técnica y por esto describe una etapa cambiante, no solo a nivel técnico, sino también social, en la que el arquitecto es el actor capaz de visualizar estos cambios, «la misión de construir la realidad y la organización de las formas de la nueva vida»[29].

---

situaciones íntimas y sociales, aprovechando el máximo de superficie libre, y considerando en lo posible la luz solar, con el objetivo final de reducir a la menor cantidad los prototipos óptimos. Elaboró un «método gráfico» (*Auswertungsmethoden*), una serie de estudios entre una célula que consideraba inapropiada, y una que él mismo proponía; a raíz de esto, propuso un cuadro de doble entrada con el que poder seleccionar distintas modificaciones funcionales en la distribución de una misma vivienda. La economía de recursos y la búsqueda de un tipo definitivo para la vivienda obrera fueron aplicados en dos proyectos de vivienda social en las cercanías de Berlín, Wilmersdorf, de 1927, Zehlendorf de 1928-29 y el de Bad-Dürrenberg en Leipzig, en 1927. Ver Klein, Alexander, «Grundrissibildung und Raumgestaltung von Kleinwohnungen und neue Auswertungsmethoden,» *Zentralblatt der Bauverwaltung 48*, 34, (1928). Ver también Bevilacqua, Marco Giorgio, «Alexander Klein and the Existenzminimum: A 'Scientific' Approach to Design Techniques,» *Nexus Network Journal 13*, 2, (2011).

27. El concepto de *Existenzminimum* tiene que ver con los debates del CIAM de 1929, que incluyeron el desarrollo de viviendas sociales para Frankfurt, que buscaba establecer un mínimo espacio habitable. Al año siguiente se publicaría en *Die Wohnung für das Existenzminimum*, con textos introductorios de Siegfried Giedion y Ernst May.

28. Gínzburg, «Éxitos de la arquitectura moderna,» p. 301.

29. «El constructivismo como método de trabajo, de investigación y enseñanza,» p. 337.

Coherente con su empleo de un método, el autor expone que para materializar estos «condensadores sociales» se necesita analizar los objetivos más importantes, separados en dos grandes temas: por un lado, las «premisas sociales, humanas y productivas» (que incluirían «procesos humanos, laborales, gráficos de movimiento, necesidades de equipamiento, dimensiones de equipamiento, condiciones de higiene y esquema de condensador social»), y, por otro lado, las «premisas técnicas y constructivas», que abarcan «materiales; sistemas constructivos y métodos de ejecución». En esta separación de temas, el «método funcional» queda plasmado en su totalidad, al menos en términos teóricos, y probablemente sea su proyecto de 1928 para el Narcomfin de Moscú el que mejor lo exprese en términos prácticos. En este conjunto de viviendas Gínzburg introduce, a través de una compleja sección, espacios colectivos de jerarquía, atravesando las células de vivienda. Estas últimas contaban con tres tipos de unidades funcionales, los cuales incluían familias tradicionales, parejas o solteros. En un principio el proyecto contaría con una cantidad importante de servicios colectivos que lo harían casi autosuficiente, aunque solo llegaron a ejecutarse la biblioteca, el jardín en la azotea y el solárium como áreas de ocio, además de la cocina y el comedor comunitario. El proyecto resulta renovador en términos conceptuales y anticipa varias de las ideas que ensayará posteriormente Le Corbusier en su *unité d'habitation*.

En una diferencia notable con la línea de pensamiento de Hannes Meyer, Gínzburg niega rotundamente que la máquina pueda reemplazar al arte. Al mismo tiempo se preocupa por la función de la forma o, mejor dicho, por cómo la misma se expresa para que el usuario pueda percibir y comprender la función del objeto. El planteo de Gínzburg supone una continuación de la propuesta de Lodoli (expuesta por Memmo) en la cual el germen de lo representado debe radicar ya en la función misma del objeto. Las palabras de Gínzburg resultan especialmente cercanas a las de Memmo, cuando dice que «la forma no solo debe obedecer a su objetivo principal, sino que además debe hacerlo con la mayor claridad posible, para que nuestro aparato psicofísico la persiga con la mínima pérdida posible de energía perceptiva»[30]. Describe entonces cómo los colores impactan en nuestra percepción de la higiene de los espacios, y cuánto determinados tonos favorecen el desarrollo de determinadas funciones.

Finalmente, para Gínzburg resulta también importante dilucidar el lugar de la expresión de la arquitectura con respecto a la función. A diferencia del «método funcional» no se trata en este caso de una consideración puramente

---

30. «Método funcional y forma,» p. 274.

objetiva, sino que la forma resulta fundamental para atar la función a nuestro entendimiento o, mejor dicho, percepción general del objeto. De modo similar a como John Ruskin y Horatio Greenough lo plantearan en el siglo XIX, la función sola no alcanzaría tampoco en este caso para darse a entender por sí misma; la forma es la que permite comprender esta función. «Se puede afirmar categóricamente que el método de pensamiento funcional no destruye en ningún caso la importantísima tarea de la formalización arquitectónica, sino que únicamente fija sus leyes»[31]. A su vez Gínzburg exige enfatizar la vinculación entre forma y estructura, la cual debería hacerse una sola en la construcción. Este enfoque funcional exige un pensamiento íntegro y orgánico. Así, afirma que los elementos modernos, como la cubierta plana y la ventana estandarizada, son tanto técnicos como formales. Gínzburg no teme a la forma y, de modo similar a la idea de representación de la función que se inició con las teorías de Blondel, confía en el poder de la misma para generar un efecto en el usuario y potenciar lo que de funcional hay en la arquitectura. Un elemento formal puede de este modo ser bueno, si se consideran estas metas. Refiriendo nuevamente a Le Corbusier, y siguiendo este razonamiento, recuerda que los artefactos modernos como el avión o el automóvil utilizan una paleta de materiales que son solo producto de su función.

En resumen, el «problema de la percepción» vinculado a la función tendría que ver sobre todo con los materiales y modos de construcción con los cuales se materializaría el inicial «condensador social»:[32] «La definición de los fenómenos psico-fisiológicos entra dentro del difícil campo de la higiene de la percepción humana. Ambos son aspectos inseparables del método funcional que junto con un objetivo práctico claramente proyectado completan la verdadera representación de este método»[33]. Según él se trata de una nueva «percepción activa» que suplanta la pasividad estética del pasado[34]. Con esta base afirma que «la percepción es, por tanto, un acto orientado a un objetivo que consiste en dominar con la mayor precisión posible la conciencia del objeto y su significado social, y en aumentar el grado de efecto social de dicho objeto»[35]. En un movimiento de síntesis Gínzburg vincula la arquitectura a la política,

---

31. *Ibid*. p. 275.
32. Menciona a Kant en *Crítica del juicio*, como ejemplo de un pensamiento que escindía la percepción estética de la finalidad del objeto, con su concepto de desinterés. Ver «El constructivismo como método de trabajo, de investigación y enseñanza».
33. «Éxitos de la arquitectura moderna,» p. 307.
34. «Es difícil imaginar que un hombre moderno perciba la forma de un automóvil sin tener en cuenta sus funciones como máquina para moverse» «El constructivismo como método de trabajo, de investigación y enseñanza,» p. 343.
35. *Ibid*.

entendida la primera como una nueva plataforma de cohesión social derivada de la reforma de la Unión Soviética. La forma es de este modo recuperada del peso de la tradición y renovada, mientras que la función, por primera vez en la historia, se posiciona de manera consciente y explícita como el problema central del proyecto de arquitectura.

## Actividades e interrelaciones

Discusiones similares a las de Gínzburg se estaban dando, casi al mismo tiempo, en la Alemania de la República de Weimar. Las aproximaciones conceptuales planteadas por Hannes Meyer, sobre todo en su etapa como director de la Bauhaus, se presentan como propuestas funcionales universales, rechazando las tradiciones culturales locales y planteando estructuras sociales alternativas. Su vocación de análisis y su búsqueda constante de una aproximación científica lo llevaron a plantear una arquitectura basada en la industrialización, en la que la espacialidad abandona las jerarquías clásicas hasta abrazar una horizontalidad que se desprende de un estudio minucioso de cada una de las necesidades de la clase trabajadora. Meyer puso en discusión el rol del arquitecto individual, posicionándolo en un marco social, de modo quizás más incisivo que el del propio Gínzburg.

En una primera instancia Meyer busca redefinir el lugar del arquitecto en la propuesta política del socialismo, una mutación que se enfrenta al mismo origen renacentista de la arquitectura, y que apenas tiene antecedentes en la historia. Para lo mismo, el autor no solo pretende redefinir las tareas y responsabilidades del arquitecto, sino su misma condición dentro de la estructura de clases[36]. El propio arquitecto se plantea, en este caso, como un posible luchador revolucionario dentro de la disciplina[37], afirmando que ya no puede verse como individuo creador, sino más bien como un «organizador de especialistas», intercambiando el atelier de arte por el laboratorio. Meyer entiende a la arquitectura en un marco político amplio que abandona lo meramente

---

36. «Cuanto más claramente reconocemos los procesos sociales de la lucha de clases, tanto más obligados estamos a juzgar la forma de todas las manifestaciones en el campo arquitectónico, únicamente a la luz de la acción recíproca que se interpone entre la forma y su contenido social». Meyer, Hannes, «El arquitecto en la lucha de clases,» en *El arquitecto en la lucha de clases y otros escritos*, ed. Dal Co, Francesco (Barcelona: Gustavo Gili, 1972), p. 130. (Ed. orig. 1931).

37. «Mi situación frente a la arquitectura actual es la relación dialéctica de un luchador revolucionario en el terreno de la Arquitectura». *Ibid.*

artístico para abrazar una transformación claramente social. La forma arquitectónica es contenido social, contenido vital y contenido político[38].

La sociedad igualitaria a la que Meyer refiere tiene, por supuesto, una base en el marxismo, pero en su caso se aplica directamente en al menos tres ámbitos. Por un lado, propone la destrucción de las fronteras, una idea en la que hace énfasis en varios de sus textos, y a través de la cual aboga por el internacionalismo. Meyer no está interesado en las tradiciones culturales, ni mucho menos en la identidad; lo universal es para él casi un sinónimo de igualdad, que debe proyectarse en la cultura y en el arte, así también como en la comunicación, por medio del esperanto. Por otro lado, confía en la «igualdad de condiciones de hábitat», que se expresa en la eliminación de todo lo superfluo en la función arquitectónica, para dejar solo lo esencial. Esto podría entenderse como un ataque al modo de vida burgués y también al individualismo artístico[39]. Meyer exige una arquitectura que no resalte otra cosa que lo necesario para vivir. Finalmente plantea la igualdad de géneros, considerando al hombre y a la mujer con los mismos roles, lo cual lo lleva también a discutir la estructura familiar tradicional.

Continuando su interés en la estructura interna de la familia de clase obrera, tras su exilio en México en 1938, Meyer publica «El arquitecto en la lucha de clases», donde equipara el núcleo familiar a una concepción burguesa y estática de un hogar que además ha servido de alimento a concepciones de la función originarias, como las de Vitruvio, Alberti o Semper. El hogar se plantea, en este caso, como una representación social del capitalismo, y el mismo Meyer cita a Marx cuando dice que «la abolición de la economía individualista es inseparable de la abolición de la familia»[40]. Para el autor, la vivienda colectiva moderna debe asumir la superación del hogar tradicional, interpretado como símbolo de la burguesía[41]. La arquitectura que se desprende de la

---

38. «En relación con la arquitectura socialista, consideramos "Arte" la suma de todas las disposiciones que la organización ideológica de una construcción o de la planificación urbana requiere, para que resulte inmediatamente evidente al proletariado. El valor de este arte es determinado por su contenido político. En esta arquitectura proletaria la sublime experiencia de la vida de la masa obrera es la prestación suprema, su heroísmo y su voluntad revolucionaria constituyen las inagotables fuentes de esta arquitectura. Y es precisamente la arquitectura la que conoce el impulso inesperado, gracias a las pretensiones formuladas por la clase obrera, por lo que se refiere a sus viviendas: y todo esto a través de los programas de construcción a gran escala, que deben ser proporcionados a la amplitud numérica de la masa obrera». *Ibid.* p. 133.

39. Según Meyer afirma, puede decirse ya que «la sociedad controla al individuo». «El nuevo mundo,» *Revista Arquitectura 288, Cuadernos,* (1991), p. 55.

40. Marx, Karl, «Ueber historischem Materialismus», vol. 1, p. 105, «Elementarbücher des Kommunismus» en «El arquitecto en la lucha de clases», p. 133.

41. «La formación del arquitecto,» *Nueva visión 1,* (1938), p. 133.

construcción industrializada tiene para Meyer el germen de la liviandad. Este afectaría a la misma noción de permanencia. Meyer ve en la familia un espejismo de orden estático que oculta su propia crisis y desaparición; de ahí la llamada a una arquitectura que ofrezca sus funciones para una sociedad en movimiento, que deje de alimentar lo permanente y al mismo tiempo conservador de la sociedad, y ponga el foco en modos de vida superadores. La muerte del hogar y la desestructuración de la familia supondría el reto para la arquitectura de imaginar nuevas funciones que den soporte a una estructura social alternativa. Así, los templos, museos y teatros, tanto en su rol de contenedor como en su propio contenido, darían paso a las ferias, los *music-halls*, o los aeropuertos, como objetos estandarizados que perfilarían una igualdad social.

Desde un punto de vista más abstracto, la función, resaltada por Meyer a través de la «necesidad», debe responder a una igualdad garantizada también por la propia construcción[42], vinculada directamente a los recursos disponibles, que pasará a ser sinónimo de igualdad solo cuando no haya diferenciaciones, y cuando los «medios» sirvan a toda la sociedad de manera equitativa, sin enfatizar diversidades culturales o de clase. Una sociedad cuya estructura es horizontal equivaldría al mismo tiempo a un replanteo de la organización de los edificios, a espacios sin jerarquías que quedan evidenciados en sus propios proyectos. Es en «la construcción pura» donde reside el verdadero sentido funcional. Este pensamiento sobre lo constructivo se manifiesta sobre todo en disciplinas donde no hay tradición, como la publicidad o los procesos fotográficos. Escribe: «la construcción pura es el distintivo del nuevo mundo formal. La forma constructiva no tiene patria, surge entre las naciones, es expresión de una conciencia constructiva internacional. La internacionalidad es una ventaja de nuestra época»[43]. Así, resulta natural que Meyer intercambie el término arquitectura (*Architektur*) por construcción (*Bauen*), pues busca, en primer lugar, evitar el peso de una tradición que no considera ya pertinente; quiere básicamente, y como la mayoría de los arquitectos modernos, separarse de la historia. La industrialización impacta en la arquitectura, según el autor, de la mano de la prefabricación que, por lo tanto, es obra de especialistas que conocen la industria, la economía y la técnica. Es una obra inevitablemente social, necesaria y por ende no artística. Meyer considera esta postura frente a la

---

42. «Hoy día, las exigencias de vida son fundamentalmente las mismas para todos nosotros. La señal más segura de que exista una verdadera comunidad es que se satisfagan las mismas necesidades con los mismos medios. El resultado de la demanda colectiva es el producto "standard"». «El nuevo mundo,» p. 57.

43. *Ibid.*

construcción como una obra social y una causa común. Se trata, según él, de unir los esfuerzos individuales y colectivos.

Meyer se posiciona de este modo como un continuador de la concepción racionalista de la arquitectura iniciada por Lodoli y la extiende, aproximándose a una noción cientificista, a tono con los debates contemporáneos que merodeaban la arquitectura moderna. La organización debe ser social, técnica, económica y psicológica, por lo que el lugar de la función se vuelve esencial: «toda la vida es función y, por lo tanto, no es artística». Meyer señala que «la arquitectura es, por lo tanto, una manifestación social indisolublemente unida a la estructura social de la sociedad respectiva»[44] y a sus necesidades. A su vez entiende que construir es un proceso estrictamente biológico, vinculado a las acciones más básicas del hombre. Escribe: «ambiente acogedor y prestigio no constituyen los *leit-motiv* en la construcción de una casa»[45]. Sí lo constituyen en cambio las necesidades más básicas de la función, que considera como los «únicos factores que hay que tener presentes en la construcción de una vivienda».

En el plano práctico, Meyer se propone examinar las rutinas de los habitantes de clase trabajadora para obtener una información con cierto grado de precisión sobre las actividades, permitiendo asumir una función basada en datos confiables, evitando interpretaciones individuales. De esta manera lista un compendio de las actividades básicas que componen el día a día de un usuario de clase obrera: «1. Vida sexual, 2. Costumbres en el dormir, 3. Animales domésticos, 4. Jardinería, 5. Higiene personal, 6. Protección contra la intemperie, 7. Higiene en la casa, 8. Manutención del automóvil, 9. Cocina, 10. Calefacción, 11. Asoleo, 12. Servicios»[46]. Se trata de inventario que incluye también las interacciones con el exterior, con los servicios, los animales o el jardín, e incluso le otorga importancia a la incidencia del clima. Hasta este punto Meyer enumera los problemas, y menciona que la función se funda sobre estas exigencias biológicas, artísticas e históricas. De modo similar a como lo planteara Ginzburg, la función aparece en Meyer como un problema de estudio sobre las relaciones en un cuerpo social en el cual el individuo pierde peso y se difumina. Meyer propone estudiar estas relaciones humanas (*Beziehungen*) desde un modo científico, esquivando cualquier subjetividad, como una aproximación sociológica aplicada al espacio y a las relaciones humanas dentro de un

---

44. «La formación del arquitecto,» p. 1.
45. «Construir,» en *Textos de arquitectura de la modernidad,* p. 261.
46. *Ibid.*

marco dado por la arquitectura, y más particularmente, por los proyectos de vivienda colectiva (*Siedlungen*) en los cuales estaba interesado. Afirma que el arquitecto debe estudiar las necesidades espirituales y materiales, y traducirlas en una realidad plástica. A estas relaciones dentro de un marco arquitectónico y espacial Meyer las denomina *Aussenwelt*. Debían poder ser cuantificadas para obtener un dato certero que modificara el modo de organizar las actividades. Según él la sociedad define la vida y la arquitectura, en un momento particular, bajo unas condiciones particulares. Las interrelaciones sociales generarían ciertos síntomas naturales a ser considerados en el proyecto para mejorar la convivencia social: «Debemos resolver los problemas arquitectónicos dialécticamente. Es decir, sus nuevas interrelaciones respectivas. Y debemos ejecutarlos diferentemente, en su nueva forma funcional respectiva»[47]. Estas soluciones cobrarán forma a través de diagramas que el autor elabora con sus alumnos como profesor en la Bauhaus.

Parte de estas ideas se desarrollan en el proyecto para un conjunto de viviendas (*Siedlung*) de una sola planta, de 1930, en el que elabora un análisis que titula «Relaciones entre la vecindad» (*Beziehungen Zum Nachbar*) (fig. 4), y divide así: «1. Relaciones sonoras, 2. Relaciones olfativas, 3. Relaciones visuales, 4. Relaciones sociales». Meyer estaba interesado en distinguir con precisión los componentes que influyeran en las actividades humanas, y avanzar en una arquitectura que fuera receptiva de cada fenómeno que entre los ocupantes se diera, tanto en términos de relaciones positivas como de molestias o interferencias. Por su parte, en el «Estudio para la utilización periódica de los espacios de habitar» (*Studie Zur Periodizität Des Lebensraumes*) supone siete habitantes hipotéticos para una vivienda, que compondrían una familia tipo. Elabora tres tablas de actividades, cada una referida a las estaciones de verano e invierno, agregando también el domingo. Enumera las veinticuatro horas del día en horizontal y mediante iconos distingue la actividad en que cada habitante podría estar ocupado en ese preciso momento. De este modo obtiene no solo un gráfico de ocupación de cada habitante, sino también una información valiosa para comprender el uso o desuso que tendrá cada una de las salas de la vivienda. Se plantea una cuarta tabla dividida en los doce meses del año para cada habitante, con diagramas acerca de las actividades que realizará durante el año, y luego una lista de posibles visitantes a la casa, agregando su distribución. Un tercer diagrama titulado «Ensayo para la vivienda comunitaria y urbana» (*Versuch eines Gemeinschaftwohnhauses*) aboga por «intentar construir un tipo de

---

47. «La formación del arquitecto,» p. 3.

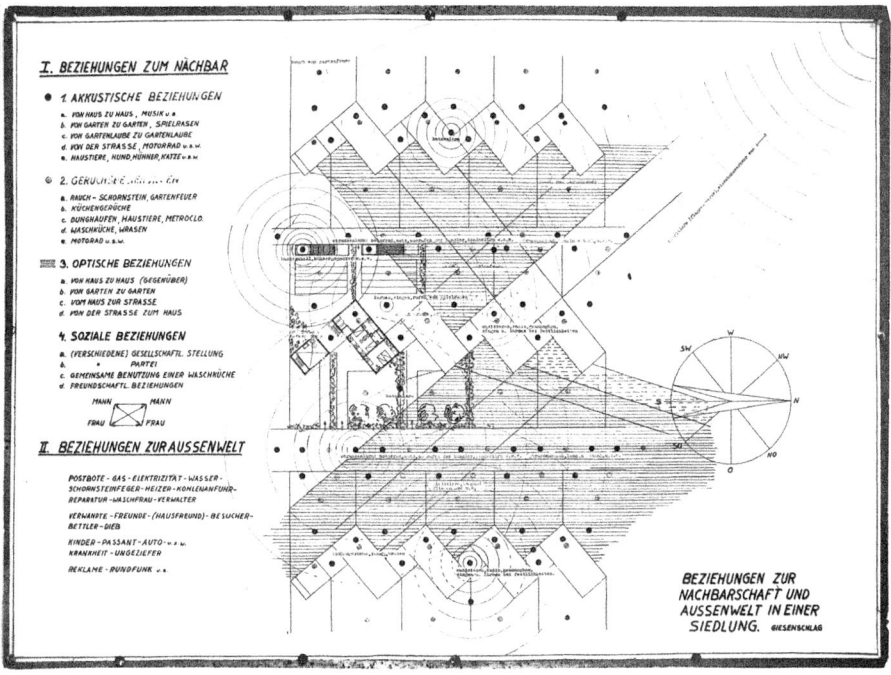

Figura 4. Meyer, Hannes (profesor). «Beziehungen zum Nachbar». Dessau: Bauhaus, 1930

vivienda igualitaria para los trabajadores», lo cual se resume en un plan para la vivienda social teniendo en cuenta la jornada laboral y el antes y después del trabajo. Se propone un plan a gran escala entre la *Siedlung* y el puesto de trabajo, considerando una parte proporcional para la naturaleza. La tabla aquí se divide por hora, espacio y ocupantes: a las divisiones de espacio le corresponde información sobre lugar, temperatura, cantidad de luz, particularidad; a la de las personas actividad, alimentación, estado psicológico, estado corporal, indumentaria. Esta tabla se rellena para tener un conocimiento preciso de la vida del trabajador. Meyer también estudia con sus alumnos de la Bauhaus las posibilidades de la forma, calculada a través de factores externos, como el movimiento que se requiere entre una actividad básica y otra, ya sea dormir, hacer ejercicio o trabajar. También ubica los espacios de la casa según las necesidades de asoleamiento y el estudio de la naturaleza y de los espacios abiertos.

De estos proyectos se infiere que el avance sobre la función tenía que darse por medio de la disposición y contraste de la información. Esta información llevaría a una arquitectura que cumpliera con una serie de necesidades que aún no habían sido científicamente revisadas por la arquitectura, y que por lo mismo no se encontraban del todo satisfechas. Este estudio pormenorizado de las actividades y el dimensionado de las mismas también tuvo un eco en las compilaciones que realizará posteriormente Ernst Neufert, también en Alemania[48]. Pero muchos de los problemas que en este período se colocan sobre la mesa en cuanto al estudio científico de la función ya habían sido mencionados en casi todos los tratados de arquitectura de la tradición vitruviana. La diferencia principal radica en que, en el caso de Meyer, componen por primera vez diagramas que pueden ser cuantificables.

Acaso sin proponérselo, Meyer consiguió responder a la «incógnita» de Gínzburg, que exigía indagar en las particularidades de ese «nuevo usuario» que surgía con la sociedad moderna. El estudio riguroso de los hábitos, los horarios y las actividades, tanto pautadas como aleatorias, que el obrero y su familia pudieran tener, es uno de los acercamientos más directos a la problemática de la función que se puedan encontrar en la arquitectura moderna. Es cierto que Meyer, en su corto proceso en la Bauhaus, no consiguió conjugar una teoría sólida sobre cómo abordar este análisis; quizás, a diferencia de Gínzburg, no veía la necesidad de materializar una propuesta teórica, sino que consideraba como suficiente el análisis cuantitativo y la fuerza natural del proyecto de arquitectura para ilustrar posibles soluciones. En todo caso, por medio de sus diagramas, logró introducir un nuevo modo de comprender la función que se acercaba al cálculo del ingeniero y se escapaba de la descripción empírica que gobernó la tradición de la función. El énfasis en la circulación como elemento autónomo y dinámico, la materialización concreta de cada espacio como metáfora del programa, estrategia que mantiene viva la noción determinista de Guadet, y el despliegue desprejuiciado de volúmenes buscando condiciones apropiadas para el asoleamiento, las visuales, la

---

48. Neufert, quien fuera estudiante de una de las primeras generaciones de arquitectos de la Bauhaus, dedicó varios años de esfuerzo a la normalización de las dimensiones de los espacios con un fin funcional, y persiguiendo también la idea de Walter Gropius (con quien colaboraría en su estudio, incluso en el nuevo edificio para la Bauhaus en Dessau) sobre el alojamiento mínimo. Durante los primeros años de la década de los treinta se dedicó a una obsesiva labor de medición intencionada que perseguía unas pautas universales para las dimensiones de los espacios según su uso específico. Con este material consiguió publicar en 1936 *Bauentwurfslehre. Handbuch für den Baufachmann, Bauherren, Lehrenden und Lernenden*, traducido al español como *Arte de proyectar en arquitectura*, que con el tiempo se convertiría en un manual moderno de apoyo al proyecto, que además de condensar dimensiones mínimas para dar cabida a cada una de las actividades de la vida moderna proponía soluciones y distribuciones para las situaciones más típicas. En un momento en que las escuelas de arquitectura no habían aún incorporado los preceptos más básicos de la arquitectura moderna, *Bauentwurfslehre* adoptaría el camino de los tratados de arquitectura de la tradición, con indicaciones básicas, pero al mismo tiempo necesarias para las buenas prácticas de la profesión. El libro de Neufert no contiene una propuesta teórica sobre la función, pero el éxito internacional de su divulgación reafirma la importancia de su voluntad pragmática. *Bauentwurfslehre* esconde una visión de la arquitectura que se emparenta con la búsqueda de una eficiencia por medio del estudio antropométrico.

acústica y las relaciones sociales son, en resumen, algunas de las aportaciones más radicales de una arquitectura moderna que interpretó a la función en un marco ampliado.

## Complejidad y síntesis

Si en el marco del socialismo de entreguerras una de las principales características de la eficiencia fue la de poder identificar, analizar y dar respuesta a las entretejidas capas de necesidades funcionales, Christopher Alexander va a realizar un aporte fundamental al ocupar varios años de su carrera en anticiparse a estas diferentes ramas de complejidad funcional que componen un proyecto de arquitectura utilizando, en este caso, métodos matemáticos. Su aporte destaca por una confianza completa en las herramientas de la ciencia, y en un esfuerzo por conocer las numerosas variables de cada problema, considerando su contexto, para que las mismas pudieran trasladarse a una ecuación que brinde diversas soluciones, llevándolo a prescindir de la subjetividad del arquitecto diseñador.

Al comienzo de *Notes on the Synthesis of Form*, de 1966, Alexander deja en claro su postura al hacer una llamada a la racionalidad a través de una cita de Platón, y al titular su introducción como «La necesidad de racionalidad». Según él, la función resulta de difícil solución ante un panorama complejo como el de la vida moderna. Frente a una situación tal, en la que lo que más cuesta es conseguir claridad (casi continuando la postura de Lodoli), los diseñadores suelen evadir el problema funcional central para indagar en exploraciones formales, en un acto de comodidad que lo que finalmente hace es alejarse el problema de raíz, dejándolo sin solución. Según Alexander esta carencia podría ser solventada por medio de las matemáticas, si se entiende el problema arquitectónico desde una mirada extremadamente racionalista, continuando la línea de Gínzburg y Meyer.

Según su análisis existe una contradicción entre una solución funcional óptima y la complejidad constructiva que este objeto requiere para satisfacerla; en definitiva, una contradicción entre eficiencia y construcción o, más en concreto, entre eficiencia e industrialización. Así, este problema podría resumirse según él en una tétrada conformada por «eficiencia, simplicidad, ensamblado y economía»; todos requisitos imprescindibles para el diseño, que cuentan además con interacciones internas entre ellos. Pero ante un problema de diseño complejo que implique, por ejemplo, a todo un conglomerado social, deben considerarse aún muchos más aspectos, lo cual supone fragmentar el problema mayor en subcategorías menores. Este paso hacia la fragmentación del problema en partes menores es una de las primeras propuestas novedosas que, en 1964, *Notes on the Synthesis of Form* aporta a la noción de eficiencia. Alexander apela a dejar a un lado la intuición, la capacidad personal, y hasta cierto punto subjetiva, del arquitecto (o como Alexander prefiere, el «diseñador») para aceptar los límites de la complejidad, y asumir finalmente que la función sea abordada desde métodos matemáticos que permitan asegurar un resultado óptimo: «en este ensayo se describe un modo para representar los problemas de diseño que facilita su solución. Se trata de un modo para reducir el vacío entre la pequeña capacidad del diseñador y la gran magnitud de su tarea»[49]. De este modo reafirma el poder de las matemáticas modernas, proponiendo que las mismas pueden servir para afrontar temas de «orden y relación», que son centrales en el diseño. Alexander menciona a Lodoli y a Laugier como ejemplos de autores que desecharon la pura subjetividad poniéndolos en relación con las propuestas de la Bauhaus, lamentándose de que la arquitectura no logró desarrollarse por el camino de la racionalidad que estos autores propusieron, sino que continuó bajo la imprecisión de la subjetividad.

Citando a D'Arcy Thompson, el autor afirma que la forma es un «diagrama de fuerzas» provocado por los problemas funcionales. Estos podrían entenderse como esa «fuerza» que afecta a la forma: «no puede alcanzarse la claridad física en una forma hasta que no haya primeramente cierta claridad programática en la mente y las acciones del diseñador; [...] el diseñador debe remontar primeramente su problema de diseño a sus más tempranos orígenes funcionales y ser capaz de encontrar alguna especie de pauta en ellos»[50]. El diseño sería así la resolución de un «ajuste» (*fitness*) entre esta «forma» y su «contexto». La «forma» es la que el arquitecto domina, y el «contexto» es el que introduce exigencias: «es precisamente la experimentación en el mundo real lo que estamos tratando de reemplazar por un método simbólico», se vuelve preciso encontrar este «diagrama de fuerzas» para un «contexto» complejo, como podría serlo el propio entorno urbano. Dado que la lista de estas exigencias puede ser infinita se hace necesario identificar los «desajustes», las incongruencias de la norma que puede haber dentro de un contexto. Esta información se traduce de modo binario: valor 1 para el desajuste, y valor 0 para

---

49. Alexander, Christopher, *Ensayo sobre la síntesis de la forma*, (Buenos Aires: Infinito, 1976), p. 13. (Ed. orig. 1964).
    50. *Ibid.* p. 21.

el ajuste; una forma adecuada sería la que contenga todas las variables con valor 0. Pero cada ajuste de una forma adecuada puede suponer otro desajuste, así «si en una casa no hay luz suficiente y se agregan más ventanas para remediar este defecto, es posible que el cambio mejore la iluminación pero que deje a los moradores como en vidriera»[51]. Esto genera un gráfico de puntos por cada variable de desajuste que pueden requerir ser reconectados, y a su vez pueden pertenecer a un subsistema.

En paralelo, Alexander diferencia a las culturas que considera conscientes de sí mismas, como sería la cultura moderna occidental, y a las inconscientes, referidas a las primitivas, que actúan por hábitos que no se someten a discusión. A diferencia de las segundas, las primeras serían capaces de producir modos de pensamiento teórico en cuanto a la arquitectura. Aun así, Alexander sostiene que «el proceso inconsciente de sí mismo posee una estructura que lo hace homeostático (organizador) y que por lo tanto produce consecuentemente formas bien ajustadas»[52]. Del mismo modo, las culturas conscientes de sí mismas tienen más probabilidades de no lograr diseños ajustados a sus contextos. Las culturas inconscientes de sí mismas, sin normas, valiéndose de los recursos disponibles, han ido evolucionando, atendiendo a cada pequeño cambio y necesidad, a la inmediatez. En muchos casos el propietario es el propio constructor; por lo mismo se ha ajustado cada subsistema por separado y se ha conseguido con mayor exactitud la solución de funciones necesarias. Las culturas autoconscientes proponen cambios generales, más veloces, en muchos casos motivados por intereses diferentes, como la especulación, o el mismo enfoque individual del arquitecto autor, hechos que, mediante formas arbitrarias, impiden la atención de los desajustes de lo que Alexander entiende por subsistemas.

El autor propone esquemas de síntesis de los desajustes, como el que utiliza en el caso del diseño de una tetera (fig. 5), con lo que es posible encarar el problema de raíz con una evidente economía de tiempo. Aun así, no es posible manipular todas las variables al mismo tiempo; resulta necesario fragmentar el problema, y para esto se recurre a la distinción, generando soluciones diversas y expresando todos los criterios de selección. Aplicando este método resulta posible la comparativa, y más tarde la «selección», la que sería, según el autor un reemplazo del diseño; este último tendería a ser prescindible. Para esto Alexander compara, a través de un esquema, la relación directa

---

51. *Ibid.* p. 46.
52. *Ibid.* p. 42.

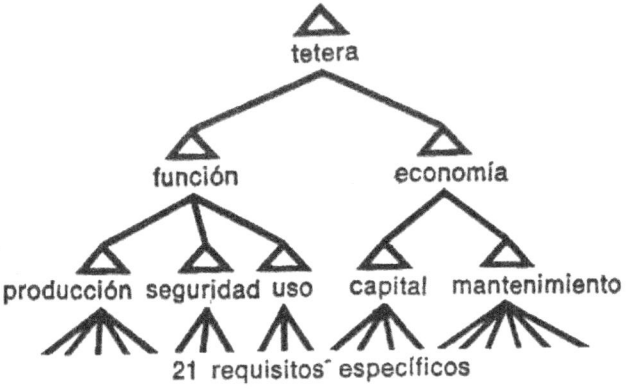

Figura 5. Alexander, Christopher. «Variables en el diseño de una
tetera». Harvard: Notes on the synthesis of form, 1964

entre el contexto y la forma de una cultura no consciente de sí misma, la relación indirecta (mediante una imagen mental) de la cultura autoconsciente y, finalmente, una nueva imagen, abstracta, construida a partir de conjuntos matemáticos, que elimine la individualidad y se pueda desarrollar de un modo operativo y racional.

Transcurrida la fase analítica, vendría una fase sintética en la cual se desarrollaría lo que Alexander llama la «realización del programa de diseño». Siguiendo sus palabras: «el punto de partida del análisis es el requisito. El producto final del análisis es un programa, el cual es un árbol de conjuntos de requisitos»[53]. Con esto el autor ofrece una definición moderna de la idea de programa que deja a este último en poder de la disciplina. Es ahora el arquitecto quien tiene la responsabilidad de elaborar un programa desde los requisitos iniciales. La herramienta para ello es el diagrama[54], o una serie de diagramas que permiten acercamientos a requisitos de mayor complejidad, y que sirven para comprender tanto el contexto como la forma.

Años más tarde, en su libro A Pattern Language, editado en 1977, Alexander presenta, de modo muy diferente a como lo hiciera en Notes on the Synthesis of Form, una serie de 253 patrones que podrían ser aplicados para resolver proyectos urbanos, arquitectónicos y de diseño desde el punto de vista funcional y

---

53. Ibid. p. 85.
54. El autor define al diagrama como «toda pauta que, al ser abstraída de una situación real, comunica la influencia física de determinadas exigencias o fuerzas». Ibid. Al mismo tiempo escribe que «un diagrama de forma solo llega a ser útil si sus consecuencias funcionales son previsibles, es decir, si contiene los elementos de un diagrama de requisitos. Un diagrama que expresa solo los requisitos o solo la forma no resulta útil». Ibid. p. 88.

de un modo completamente práctico. En cada patrón el autor describe un problema a resolver, tratado como si fuera un manual. Cada patrón cuenta, según él mismo lo describe, con un «trasfondo empírico», que trata casos donde se evidencia su funcionamiento. Luego se plantea una solución, y se lo conecta con otros patrones que forman parte del mismo problema. Para el autor la esencia del libro radica, justamente, en esta interconexión entre patrones.

Como una aplicación de los principios abstractos de *Notes on the Synthesis of Form*, Alexander plantea *A Pattern Language* como un manual para el problema de la función, o más bien como un compendio en constante evolución, que permita incluir gradualmente nuevos requerimientos funcionales, casi a modo de una red social, también autoorganizada. El autor asume así la inexactitud del libro, y llama a una continua alimentación de los patrones por medio de la misma práctica de los usuarios[55], entendiendo que los mismos patrones tienen una vida y evolución, y que en el libro están formulados a modo de hipótesis.

La propuesta de Alexander se distingue por concebir a un usuario activo, o a una especie de red social en movimiento que sea capaz de autogestionar su habitar de modo propositivo, reduciendo una vez más el rol del arquitecto autor. Podría decirse que la función en el pensamiento de Alexander mantiene la línea comenzada por Durand pero afianzada por Gínzburg y Meyer, ya que tiende a una eficiencia que sigue siendo social, la cual no está determinada por factores ideológicos individuales, sino por la constante acumulación del hacer, en este caso ya inevitablemente autoconsciente.

---

55. «Como primer paso en el proceso social por el que las personas cobrarán conciencia gradualmente de sus propios lenguajes de patrones y trabajarán para mejorarlos». *Un lenguaje de patrones*, (Barcelona: Gustavo Gili, 1980), p. 12. (Ed. orig. 1977).

# Adecuación

En lugar de forzar las funciones de cualquier tipo de construcción
a una forma general, adoptando una forma externa, siguiendo a la
vista, o a una asociación sin referencia a la distribución interna,
comencemos desde el corazón como el núcleo, y trabajemos
hacia afuera. El tamaño y la disposición más conveniente de las
habitaciones que deben constituir el edificio que se está diseñando,
el acceso de la luz que sea posible, la ventilación que se desea
conseguir; así tendremos el esqueleto de nuestro edificio.
(Horatio Greenough,
«American Architecture», 1843)

El espacio rectangular, la línea recta, no son figuras funcionales,
sino mecánicas. Si procedemos consecuentemente a partir
de la función biológica, la pieza rectangular resulta absurda,
porque sus cuatro ángulos son espacio muerto, inutilizable. Si
circunscribo el espacio de una habitación realmente aprovechado,
el que llega a ser pisado, obtengo necesariamente una curva.
(Adolf Behne,
*La construcción funcional moderna*, 1923)

La adecuación tiene lugar principalmente en el plano subjetivo, en la vivencia personal de los usuarios y en su relación directa con el ámbito físico que supone una construcción. Es por eso que su cascarón es orgánico antes que mecánico, y que la acomodación específica de las distintas funciones y distribuciones internas, incluso en sus detalles, constituye su eje. Las ideas que la sustentan suelen apoyarse en la observación crítica de los fenómenos cotidianos y naturales, y su traspaso al plano propositivo resulta mucho más arraigado en la experiencia misma, en lo tradicional y en lo empírico, antes que en lo normativo. Se trata de una jerarquización de la función entendida en su ámbito físico y geométrico, colocando al espacio interior como centro, con un rechazo general a la simetría como constante referencia a la belleza clásica.

Las vertientes de las que se alimenta esta noción son diversas. Por un lado existe un origen en la línea de pensamiento empirista inglés, que cuestiona por primera vez la importancia de la simetría sobre la función. Se trata de una operación que abre una discusión ante la posibilidad de que la forma propia del edificio dependa de las distribuciones internas antes que de su composición externa. Por otro lado, en las primeras experiencias del organicismo del siglo XIX, vinculado en parte al Romanticismo, existe otro acercamiento, cuando comienza a plantearse que una construcción debe expresar su factura y sus funciones sin apelar necesariamente a una idea absoluta de belleza. También en la tradición francesa, en la École des Beaux-Arts, florecerá, ya en el siglo XX, un pensamiento determinista respecto a la configuración de los espacios de un edificio, que se construye a partir de la correspondencia directa entre una función específica y el volumen que la contiene.

La artesanía, la naturaleza, el material, la sensibilidad por lo regional o las necesidades individuales serán preocupaciones recurrentes de esta línea de pensamiento, donde la particularidad gana sobre la generalidad dando como resultado, en la mayor parte de los casos, objetos arquitectónicos singulares. Al contar con la naturaleza como fuente de interpretación, la noción de adecuación no se caracteriza por la generalización de una solución en pos de un ahorro de recursos, sino por un desarrollo exquisito de la peculiaridad de cada necesidad, entendiendo siempre que detrás de esto yace también un principio estético del que es preciso sacar partido. La adecuación es una noción funcional que tiene que ver con el medio propio en que la arquitectura se asienta, entendido bajo su sentido más literal de territorio, con las características del individuo habitante, e incluyendo las técnicas constructivas disponibles. El origen de esta preocupación yace en el concepto vitruviano de «naturaleza del lugar», o «decoro natural», el que hace referencia a la correcta elección del sitio de la construcción, con la disposición de los usos del edificio en respuesta a las orientaciones más favorables.

El problema de la forma ocupa en esta discusión un lugar protagónico. No porque necesariamente se espere una resultante formal, sino porque los intereses puestos en juego exigen un diseño capaz de adaptarse al resultado menos previsible para satisfacer los objetivos más específicos. Esto no solo tiene que ver con las propias funciones humanas, sino también con los modos de construcción propios de cada sitio. El tema de la forma aparece entonces como un contrapunto conflictivo ya que, en este debate, la forma y el contenido requieren de una continua y a veces ambiciosa sintonía.

## Uso contra simetría

Uno de los primeros en proponer una forma de conocimiento de la función basada en el conocimiento empírico del uso de los edificios será Francis Bacon, con una preponderancia puesta en el pragmatismo, los procedimientos y los modos de hacer que se diferencia de la marca vitruviana. El empirismo de raíz inglesa tiene una presencia fuerte en las teorías de la función por tratarse de un modo de conocimiento basado en el hacer, a través de la acumulación de experiencias productivas y también por una tendencia hacia la lógica del sentido común. En la Antigüedad clásica el conocimiento a partir de la pura experiencia estaba reservado a las técnicas aplicadas, como la medicina, las artes y la arquitectura, y separado asimismo del saber, es decir, del conocimiento sobre la verdad, la ética o la metafísica. No parece casual que la mayoría de los fundamentos de los tratados de arquitectura sobre la función tengan que ver con el acercamiento de primera mano al desempeño de los edificios existentes, antes que con la ideación de nuevas configuraciones y distribuciones.

En el brevísimo ensayo «Of Building» de 1623, Bacon arremete contra la base idealista que sostiene la arquitectura del Renacimiento. El escrito no trata tanto de la arquitectura como de la descripción de lo que debería ser un palacio para la nueva aristocracia inglesa, pero resulta fundacional como ejemplo de la observación directa de los hechos. La denominación arquitectura (architecture) no es aún incorporada en su vocabulario, pero sí la de «uso» (use), articulada probablemente por primera vez en un texto de arquitectura. La primera sentencia del ensayo resulta la más importante en cuanto a lo que concierne a la función, ya que la misma dota de total preponderancia al uso de los edificios sobre la belleza de los mismos: «las casas se construyen para vivir en ellas y no para la contemplación; por tanto, hagamos que el uso se anteponga a la uniformidad, excepto en aquellos casos en que puedan darse ambos. Dejemos la apariencia para los palacios encantados de los poetas que los construyen con bajo coste»[56]. Esta apuesta resultará de importancia, no solo para un contexto inglés distante de las experiencias renacentistas en las que la simetría resulta fundamental para alcanzar el fin máximo de belleza, sino también para complacer las necesidades de los nuevos palacios de la aristocracia, que se presentaban como desafíos en términos funcionales en los que se requería balancear la simetría (la belleza) con la distribución interna. En la descripción de Bacon hay una inclinación por dejar que las necesidades funcionales encuentren su lugar natural dentro del proyecto, y alcancen, por su misma lógica, la configuración final de palacio. En definitiva, que se acomoden y se ajusten según sus requerimientos intrínsecos.

A pesar del poder rupturista del texto, el mismo no conduce a la destrucción de las bases de la simetría, sino más bien a la puesta en primer plano de las necesidades del «uso» y de la correcta organización a través de las experiencias. Desde la elección del sitio, pasando por la distribución, la definición de zonas y los detalles, Bacon intenta en todo momento esclarecer cada uno de los subtemas que componen el programa del palacio. Sin dejar de lado la uniformidad, se trata de un ejercicio de profundización sobre las nociones vitruvianas, como la de «naturaleza del lugar», o «distribución» (*distributio*), aplicadas a un proyecto concreto, donde se diferencian las zonas según las actividades, las horas del día y las estaciones del año. El Castillo de Howard (fig. 1) (se trata de la mansión de la familia del mismo nombre, un tipo de edificio conocido en Inglaterra como *country house*), construido por Sir John Vanbrugh entre 1699 y 1712, es un ejemplo claro de un programa complejo, con numerosas estancias y zonas como las que preocupan a Bacon. El esquema general, claramente barroco, presenta una batería de habitaciones principales que toman toda la cara este, a las cuales se llega después de haber pasado por un *hall* principal; el elemento distribuidor se encuentra a su vez jerarquizado mediante una cúpula; el cuerpo este contiene los servicios ligados a la alimentación (cocinas, almacenes y comedores en el ala este principal y cervecería, panadería y otras dependencias en el ala exterior); en el volumen opuesto se ubica la capilla y el establo (este último no construido). Es evidente la concepción asimétrica, no solo en cuanto a lo funcional, sino también en cuanto a particiones interiores: las que componen estas dos alas este-oeste, paradójicamente, son las que conforman los límites del jardín de acceso al castillo, es decir, puro equilibrio exterior frente a máximo desequilibrio interior, lo cual

---

56. Bacon, Francis, *The essayes or counsels, civill and morall*, vol. 15 (Oxford: Clarendon Press, 1985), p. 18. (Ed. orig. 1625). Traducido por el autor.

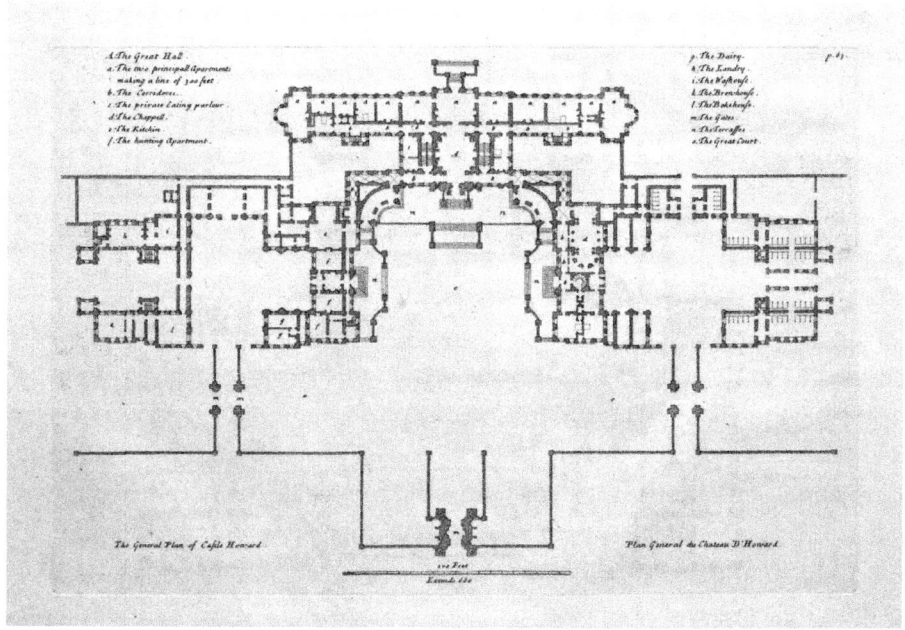

Figura 1. Vanbrugh, John. «Castillo de Howard. Planta Baja». Londres: Vitruvius Britannicus. c. 1720, 1699

se logra en gran parte por medio de unas galerías que homogeneizan ambas fachadas. Pero si algo llama la atención es el extenso sistema de distribución a través de corredores que permite la articulación de gran cantidad de estancias prescindiendo de galerías exteriores. Este elemento permite la separación de las zonas sociales de las privadas, y se encuentra resuelto con una gran simpleza. Los corredores son también pensados como espacios interiores de importancia, con una sucesión continua de ventanas que proporcionan iluminación homogénea y ritmo. En resumen, un programa complejo que acepta la asimetría funcional, pero que aún encuentra la belleza en el equilibrio asimétrico hacia el exterior.

En resumen, la noción de adecuación cuenta con un origen en la concepción pragmática de la arquitectura, que venía estableciendo sus bases desde el empirismo inglés. El «uso» tiene que ver, en su origen latino (*usus*), con el empleo continuo de algo, es decir, con el mismo hábito. En el tratado *The elements of architecture*, escrito por Henry Wotton al mismo tiempo que Bacon escribía «Of building», las propuestas que se exponen en torno al uso están claramente construidas desde una noción de continuidad con las costumbres, por ello mismo los textos carecen de una pretensión teórica. Es justamente este desapego por la construcción intelectual y esta voluntad de pragmatismo lo que permite una noción nueva de función bajo el marco de pensamiento de la adecuación. Así será por primera vez puesta en duda la relación entre la función de los edificios y la asentada simetría, aunque se limite a una voluntad que aún no acaba de materializarse.

## Organismo vivo

La discusión que Bacon plantea sobre la belleza clásica y, por ende, sobre la necesidad de la simetría en los edificios será recuperada y profundizada en los debates que se dan en Inglaterra a mediados del siglo XIX a partir del avance de la industrialización. Uno de los principales actores será John Ruskin, que intercambia el impulso moderno de transformación por una predilección hacia el arte del pasado cada vez más amenazado por las nuevas técnicas constructivas, hijas de la máquina. Este proceso se presenta como una amenaza a la cultura artística que el autor defiende a toda costa. Como August Pugin[57], Ruskin era también un cristiano ferviente, lo cual se evidencia en la ética que funda muchos de sus juicios estéticos, sosteniendo criterios de justicia, verdad o sacrificio. Estas características explican la imposibilidad de encontrar

---

57. Augustus Pugin reclama directamente el retorno a un modo de vida medieval y a ciertos valores espirituales. Pugin condenaba la arquitectura clásica, entendiendo que la misma se alejaba de la cultura cristiana, abogando por el gótico como el estilo que mejor representaba lo que él consideraba el «ideal medieval». Además de eso, Pugin recuperaba algunos conceptos de la tradición teórica francesa con respecto a la función, según De Zurko, con una clara deuda a las ideas de adecuación y economía de Durand, adaptándolos a su interés por el gótico. Ya en el primer párrafo de su libro *Contrasts: or, A parallel between the noble edifices of the fourteenth and fifteenth centuries and similar buildings of the present day. Shewing the present decay of taste*, escrito en 1836, Pugin exige una belleza solo posible por la adecuación al uso del edificio. A pesar de esto Pugin vuelve a hacer énfasis en el concepto de *caractère*, en el mismo sentido en que lo planteara Blondel en el siglo XVIII. Según Pugin «Se admitirá fácilmente que el gusto por la belleza arquitectónica se basa en la idoneidad del diseño para el propósito para el que el edificio está destinado, y que el estilo de un edificio debe corresponderse con su uso, de tal forma que el espectador pueda percibir de inmediato el propósito por el cual fue erigido». También al comienzo de *The true principles of pointed or Christian architecture: set forth in two lectures delivered at St. Marie's, Oscott* publicado cinco años después de *Contrasts*, Pugin plantea una tríada análoga a la vitruviana, no definida en profundidad, referida a *convenience* (comodidad), *construction* (construcción) y *propriety* (decoro). Según Pugin: «la apariencia exterior e interior de un edificio debe ser ilustrativa y estar en concordancia con el propósito para el que está destinado el mismo». Pugin afirma al mismo tiempo que todo ornamento debe enfatizar la construcción esencial de un edificio. Como también hará Ruskin, Pugin, quien tuvo además una prolífica carrera como arquitecto, emplea la crítica incisiva para desarrollar sus argumentos teóricos, haciendo siempre énfasis en las técnicas de construcción. Ruskin hereda de Pugin el impulso crítico sustentado en una ética cristiana; la idea de función es para Pugin también una verdad a la cual el ornamento debe ser fiel. Ver Pugin, Augustus Welby Northmore, *Contrasts* (Leicester: Leicester University Press, 1973). (Ed. orig. 1836) y *The true principles of pointed or Christian architecture: set forth in two lectures delivered at St. Marie's, Oscott* (Londres: J. Weale, 1841), p. 42. Traducido por el autor.

intenciones de avanzar en la transformación de una concepción concreta y pragmática de la función. Resultan, no obstante, fundamentales los debates que plantea sobre el rol funcional de los elementos propios de la arquitectura y, sobre todo, del rescate del gótico como «arquitectura viva» (*living architecture*), lo que lo llevará a plantear problemas esenciales para la función, como la imaginación entendida como expansión de lo verdadero. Las teorías de Ruskin se apoyan fundamentalmente en la crítica, tanto artística como social, a través de la que construye un conocimiento que, paradójicamente, aunque resulte conceptualmente reaccionario, reaparece al mismo tiempo como novedoso.

Como explica en la «Introducción» de *The seven lamps of architecture*, publicado en 1849, el pasado no resulta un valor por sí mismo, sino que le proporciona material para poder identificar leyes comunes en las artes. Estas leyes serían las «lámparas de la arquitectura» que, según Ruskin, se verían en muchas ocasiones de la historia opacadas o distorsionadas. Reubicar en su lugar de importancia estos valores arquitectónicos es el fin de este libro, y el autor apela especialmente a la mencionada ética. En principio distingue la arquitectura de la construcción, explicando que esta última no tiene por qué convertirse en la primera, y que si la arquitectura solo se diferencia de la construcción por el agregado de «elementos innecesarios», entonces pocos edificios entrarían, por su propia naturaleza, dentro de la categoría «arquitectura» (templos, monumentos o edificios institucionales). La atención a esos elementos que, a primera vista, no tienen un rol funcional será también común en la obra del autor, entendiendo la artesanía como valor cultural, puesta en riesgo por la llamada tajante a la función que la incipiente modernidad comienza a imprimir en la arquitectura. Ruskin, casi en respuesta a la postura que cincuenta años atrás tuviera Durand con respecto a la economía, se ve preocupado por la importancia creciente que la relación costo-beneficio tiene en la arquitectura. Para Ruskin construir con más o menos recursos no es un tema de necesidad, sino de equilibrar los valores visibles y no visibles en un edificio. Esto tiene que ver con cuidar que un esfuerzo de diseño sea efectivamente percibido en la forma exterior, situación que está directamente relacionada con la función, ya que la existencia de la misma, tanto en la organización del programa como en el propio rol constructivo de un elemento, no siempre resulta evidente. Por ello mismo Ruskin exige un cuidado en los esfuerzos que no resultan en una expresión evidente (esas partes de un edificio que permanecen ocultas) y resalta la importancia de la distancia de observación. Al mismo tiempo, en el exhaustivo análisis que realiza en torno al gótico, en *The stones of Venice*, de 1853, enfatiza la relevancia de los órdenes, pero a su vez advierte del peligro que supone el propio sistema, y la valoración exagerada que, según él, se hace de ellos. Nuevamente, como en las primeras nociones de la tradición vitruviana, tanto la belleza como la función de los elementos encuentran para el autor un nacimiento en la interpretación de la naturaleza, como un aprendizaje directo. Primero naturales, luego humanas, las estrías de las columnas griegas responderían, por ejemplo, a ciertos elementos lineales presentes en la naturaleza; así el arco de medio punto estaría tomado de las hojas de algunos árboles. En este entramado Ruskin propone, incluso, una tabla de relaciones entre varios elementos naturales y ornamentales[58], introduciendo el conflicto que supone lidiar con la línea recta, propia de muchos elementos constructivos, dando espacio a una flexibilidad formal que será característica de la adecuación funcional moderna.

El problema de la ética en la arquitectura, sobre todo ligado a la idea de «verdad» en la función, que ya había sido reclamada por Lodoli, reaparece. Aunque Ruskin no traslada la preocupación por la verdad a los temas funcionales en concreto, sí visualiza los problemas concretos de la función. Es decir, si se considera, como lo hacía Lodoli, que la función requiere una atención y honestidad sobre otras problemáticas del proyecto, se requerirá un modo de enfocar el proyecto en el cual los resultados pueden no siempre ser previsibles, dado que las necesidades funcionales no se encuentran necesariamente ligadas al lenguaje arquitectónico *per se*, como sí sucede con la estructura, por ejemplo. Ruskin se anticipa a las limitaciones que una exigencia radical de la verdad puede suponer. Aquí aparece su acepción de «imaginación»[59], que servirá como una comunicación hacia el exterior en vez de una «mentira»[60]. Ruskin afirma: «como ocultaciones engañosas de la estructura se han de clasificar, aunque incluso

---

58. Ver «La lámapara de la belleza» en Ruskin, John, *Las siete lámparas de la arquitectura* (Barcelona: Editorial Alta Fulla, 1987). (Ed. orig. 1849).

59. «Podría pensarse en un primer momento que todo el reino de la imaginación es también el del fraude. No es así: el acto de la imaginación es un emplazamiento voluntario de los conceptos de las cosas ausentes o imposibles; su placer y su nobleza residen, en parte, en el reconocimiento y la contemplación de aquéllas como tales, es decir, en el reconocimiento de su ausencia o imposibilidad real en el momento de esa presencia o realidad aparente. Cuando la imaginación engaña, se convierte en locura. Es una facultad noble desde el momento en que reconoce su propia idealidad; cuando deja de hacerlo es demencia. Toda la diferencia radica en el acto del reconocimiento, en no ser fraude. Es preciso, en tanto criaturas espirituales, que seamos capaces de inventar y percibir lo que no existe; y en tanto criaturas morales, que sepamos y reconozcamos al mismo tiempo que no existe». «La lámpara de la verdad» en *ibid.* p. 26.

60. Ruskin considera que las mentiras en la arquitectura pueden aparecer en tres formas diferentes. En: 1. la insinuación de una estructura que no existe. 2. la pintura que insinúa un material o 3. el empleo de ornamentos. Hasta este punto sus teorías se acercan mucho a las de Lodoli. Ruskin considera que el gótico es el estilo con menos mentiras, aunque reconozca que en algún punto también las tenga.

más vituperables, las presunciones engañosas de esta —la introducción de miembros que tendrían, o profesan tener, una función, sin tener ninguna»[61]. La imaginación, un concepto central en el empirismo inglés, es la que permitiría el juego fundamental en la percepción de la función de los elementos. En esta línea, aunque Ruskin refiere constantemente a la función de los elementos constructivos, la imaginación también tiene proyección en la propia función de los espacios, para los cuales el rango entre lo que se imagina de una actividad y las posibilidades que de la misma derivan resulta amplio. La arquitectura, y la imaginación aplicada a ella, es la que permite proponer una serie de posibilidades que se separan de lo que inicialmente resultaba verdadero para esa actividad original. Ruskin lo ejemplifica a través del fresco de la cúpula del Duomo de Parma[62], por medio de la cual diferencia la idea de «encantamiento» de la de «mentira». Este encantamiento, nacido de la imaginación, y entendido como obra humana que toma distancia de la naturaleza es uno de los aportes laterales más importantes que Ruskin introduce a la función. Así comienzan a materializarse en la arquitectura de mediados del siglo XIX en Inglaterra temas que, aunque de modo exclusivamente teórico, había anticipado ya Bacon en las primeras aproximaciones al empirismo.

La temprana discusión en torno a los problemas concretos de la simetría tiene proyección directa en Ruskin, quien encuentra el camino en la recuperación de los valores del gótico. La versatilidad que proporciona la construcción típica de este estilo le permite imaginar una arquitectura que, como organismo vivo, es capaz de mutar en múltiples funciones. Se trata de un sistema abierto capaz de incorporar el error humano y de adaptarse tanto a las necesidades como a los caprichos casuales que no siempre pueden preconcebirse de modo estrictamente racional. Contrario a la aproximación albertiana de la naturaleza, en la cual se sigue sosteniendo el principio de la simetría, este organismo tiene dentro de sus reglas la capacidad de atender a diferentes fines manteniendo su esencia constructiva. No habría entonces un tipo de construcción, sino más bien un tipo de gótico para cada programa de necesidades.

---

61. Ver «La lámpara de la verdad» en *ibid.* p. 28.

62. «En la cúpula del Duomo de Parma, el mismo pintor ha representado la Asunción con tanto poder de engaño que ha hecho que una bóveda de unos nueve metros de diámetro parezca una abertura del séptimo cielo envuelta en nubes, invadida por un impetuoso mar de ángeles. ¿Es incorrecto? Pues no, el tema enseguida excluye la posibilidad de engaño. Podríamos haber tomado las parras por una verdadera pérgola y a los chiquillos por sus rondadores *ragazzi*; ahora bien, sabemos que las nubes quietas y los ángeles inmóviles son siempre obra humana; así pues, dejémosle que le ponga toda su intensidad y bienvenido sea, nos podrá encantar, no traicionar». En «La lámpara de la verdad» Ruskin, *ibid.* p. 27.

Ruskin propone que «gran parte de la belleza depende de la energía vital que es propia de lo orgánico»[63], pero sin perder de vista que está haciendo referencia exclusivamente a la vida que la arquitectura misma genera para sí, es decir, a sus propios elementos, y a la importancia de expresar en la construcción de los mismos esta vitalidad. Llama «arquitectura viva» a aquella que produce la sensación de acomodación a toda necesidad arquitectónica con variaciones en los arreglos, como la catedral de Pisa, que toma como ejemplo.

En *The stones of Venice*, de 1853, el autor realiza la que tal vez sea su aproximación más cercana al problema de la adecuación, advirtiendo sobre «la capacidad del gótico de satisfacer cualquier función, sea vulgar o noble»[64]. Ruskin considera que, al tratarse de una arquitectura cuyas proporciones son indeterminadas, en una referencia clara a la arquitectura neoclásica, se pueden complacer sin inconveniente diferentes usos[65]. El gótico incluiría una capacidad de cambio de forma que le permitiría adaptarse sin perder unidad ni majestuosidad. Satisfaciendo el reclamo de Bacon de una arquitectura que no se viera atada a la simetría, no habría inconveniente para el autor en abrir una ventana, o colocar un arbotante por pura necesidad. La apariencia externa no resulta para Ruskin un condicionante en el caso del gótico, y la diferencia y el error aparecen incluso como valores. Arquitecturas como las de Philip Webb, William Eden Nesfield o Richard Norman Shaw resultan ejemplares de esta concepción, y enfatizan con vigor las capacidades de adaptabilidad funcional del gótico para esquivar regulaciones devenidas del estilo y adentrarse en las necesidades y diferencias que las distintas actividades de un edificio suponen. Todo esto tiene lugar en la arquitectura doméstica inglesa, la Red House de Philip Webb (fig. 2), construida en 1859 en Bexleyheath para William Morris, significó el primer puntapié de una serie de obras que ilustrarían las ideas de *revival* de la época[66]. En ella la adecuación aparece desplegada con una libertad que hasta el momento no había tenido lugar en la arquitectura. La distribución expresa, desde el inicio, la intención de no rendir un homenaje al objeto arquitectónico, sino más bien de recoger la sensibilidad del lugar, o más bien

---

63. Ver «La lámpara de la vida,» en *ibid*. p. 125.
64. Ruskin, John, *Las piedras de Venecia*, (Madrid: Consejo General de La Arquitectura Técnica de España, 2000), cap. 38. (Ed. orig. 1853).
65. Este argumento ya había sido utilizado de forma similar por Pugin, quien había afirmado que uno de los principios de la «arquitectura Católica» es que «cada una de las partes posee un destino propio». Pugin, *The true principles of pointed or Christian architecture: set forth in two lectures delivered at St. Marie's, Oscott*, p. 60. Traducido por el autor.
66. Ver Frampton, Kenneth, *Historia crítica de la arquitectura moderna* (Barcelona: Gustavo Gili, 2005), p. 43. (Ed. orig. 1980).

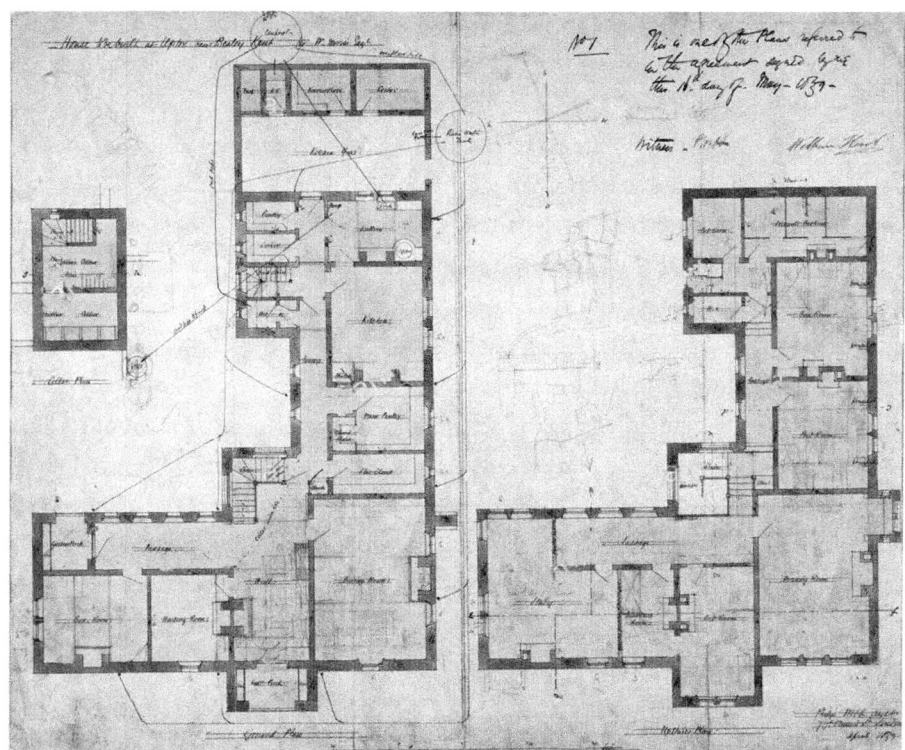

Figura 2. Webb, Philip. «Red House. Planta baja y planta alta». Londres: Heritage Image Partnership, 1859

de generar una interpretación del lugar a partir del nuevo edificio. Webb apela a una distribución en L en planta, que se abre hacia un pozo de agua ubicado en el patio, que desafía el avance de la tecnología, revalorizando las costumbres medievales y enfatizando la inspiración en la arquitectura popular. Cada ambiente parece reclamar su espacio y dimensión necesarios, sin reparar en el riesgo que supone la expresión exterior que, inspirándose en motivos medievales puede, como afirmaba Ruskin, aceptar la aparición de ventanas o salientes donde sean requeridos. Webb aprovecha este recurso para ensayar una variedad de aberturas y de modos constructivos con el ladrillo: aberturas verticales en el prisma de la escalera, ubicado en el encuentro entre los dos volúmenes de la casa; aberturas circulares y cuadradas en la circulación interior que va generando diversos modos de iluminación, hasta rematar en una doble ventana con saliente; ventanas notablemente pequeñas en los servicios. Webb no pretende con esta operación retrotraerse hasta al gótico medieval sino más bien recuperar sus libertades para poder actuar con eficacia frente a las exigencias del siglo XIX. El despliegue de la casa, que por la misma inclinación hacia la satisfacción de las funciones deja de lado cualquier equilibrio simétrico, tampoco parece expresar preocupación por alguna otra regla que suponga la búsqueda de la belleza, en un sentido clásico: la expresión de la casa se basa, como afirma Ruskin, en la nobleza de un estilo que resulta conocido y común a la cultura a la cual pertenece.

La construcción artesanal de ladrillo y la aparición de múltiples chimeneas que enfatizan la verticalidad del gótico será común, no solo a la Red House, sino a buena parte de la arquitectura de este período. Si por regla general, en la tradición vitruviana, las teorías de la función se construían a través de la observación atenta de las costumbres que iban modificándose, adaptándose o, más bien, y especialmente en el caso de Francia, renovándose, la arquitectura de la Red House supone un paso lateral en el que se persigue incisivamente trasladar a la sociedad a un modo de vida que, si aún no está caduco, se encuentra en riesgo de desaparecer. Esta operación muestra una afición claramente reaccionaria, pero al mismo tiempo ofrece una muestra de una práctica que será común en el siglo XX, en la cual la función aparece como herramienta de interpretación y transformación que no puede ocultar sus tintes ideológicos.

## Esencia interior

Otro aporte a la raíz organista de la adecuación, cercano al de Ruskin, será el que el escultor y crítico de arte Horatio Greenough desarrolla en Estados Unidos. Una de sus principales batallas será la de identificar una arquitectura propiamente norteamericana, rechazando lo que considera como motivos de culturas extranjeras (mayoritariamente europeas), aplicados sin un sentido histórico. Mediante una crítica estrictamente disciplinar, Greenough aporta un enfoque que contempla el entorno local, cuyas costumbres, modos de vida y relación con la naturaleza deben manifestarse en el exterior del propio edificio. Por medio de una crítica enfática sobre el neoclasicismo y el neogótico, el autor pretende resaltar los valores pragmáticos propios de su cultura, refiriéndose tempranamente a una «arquitectura moderna americana». Para la misma se adelanta a la idea de que el edificio debe expresar su «distribución interior» *(inner distribution)*, es decir, una función basada en los componentes genuinos de la costumbre y las necesidades culturales. Este concepto, aunque apenas esbozado por el autor, resultará clave para comprender el desarrollo de la adecuación en la arquitectura moderna norteamericana y su raíz organicista. Al mismo tiempo que producía esta lectura derivada de una interpretación de la naturaleza, y en este caso de modo contrario a Ruskin, se posicionaba también como un impulsor de la industrialización y de la renovación que esta pudiera engendrar en la arquitectura estadounidense. Estas dos vertientes contrapuestas resumen su particular discurso.

La apuesta por un acercamiento entre el arte y la industria está presente a menudo en los escritos de Greenough, quien es también uno de los primeros autores en considerar la belleza artística de los artefactos industriales. De forma temprana no solo se ve seducido por la estética propia de las máquinas, sino que la misma le sirve también como contrapunto con respecto a la imitación de los motivos clásicos. Anticipándose a la apuesta de Le Corbusier en *Vers une architecture*, describe apasionadamente al barco como obra de arte de la industria[67]. Esta seducción por la estética maquinista respalda su posicionamiento crítico con respecto al Neoclásico, al que considera como una incorrecta, o incluso nula, interpretación de las necesidades propias de la época. Para Greenough el Neoclásico ejemplifica la falta de estudio de los problemas funcionales. Incluso, en una posición más moderna que la de Ruskin, supone que nada de lo que está en el pasado puede ser suficiente para conformar la vida contemporánea, y la máquina es el ejemplo más evidente para él.

Al mismo tiempo que muestra interés por los artefactos modernos, Greenough aparece como uno de los primeros autores en incorporar el concepto de lo orgánico dentro de la arquitectura[68]. La definición que dará de este concepto será constantemente contrastada con la de monumentalidad. Distingue, en primer lugar, entre la arquitectura monumental, apuntada en exclusiva hacia la simpatía y fe de una comunidad, de aquella que tiene un valor utilitario, y considera como una «estructura orgánica» (*organic structure*). Para Greenough existe una degeneración en la disciplina, producto de intentar transformar

---

67. «¡Observe un barco en el mar! Vea la forma majestuosa de su casco mientras se apresura a través del agua; observe la curva agraciada de su cuerpo, la transición suave, de redonda a plana, el agarre de su quilla, el salto de sus arcos, la simetría y la rica tracería de sus bastones y jarcias [...] ¿qué imitación de los griegos fue capaz de producir esta maravilla de la construcción? Este es el resultado del estudio profundo del hombre, donde la Naturaleza habla de las leyes de la construcción, no en la pluma ni en la flor, sino en los vientos y las olas; y el hombre se inclinó para escuchar y obedecer. ¿Podríamos llevar a nuestra arquitectura civil las responsabilidades que pesan sobre nuestra construcción naval? Necesitamos mucho tiempo para tener edificios tan superiores al Partenón, según los fines que necesitamos». Greenough, Horatio, «American Architecture,» *Form and Function: Remarks on Art by Horatio Greenough*, (1947), p. 60. Traducido por el autor.

68. Como explica Eduardo Prieto, pueden encontrarse rasgos de los orígenes del organicismo −o del antimecanicismo− en diferentes pensadores de la Ilustración de fines del siglo XVIII, como Rosseau, o Kant. Un cambio de bases desde lo racional y cuantitativo hacia lo 'vital' y cualitativo. Ver Prieto, Eduardo, «Von Innen nach Aussen. Principios filosóficos del organicismo en la arquitectura,» *Cuaderno de Notas*, 15, (2014).

cualquier tipo arquitectónico en un monumento, y de esta manera abandonar el motivo inicial que le dio impulso[69]. Si esta decadencia ya existía en la arquitectura romana, Greenough vuelve a visualizarla con más énfasis en el Neoclásico. Aunque, del mismo modo que muchos autores de la tradición vitruviana, vuelve a entender la naturaleza como fuente de alimento. Lo orgánico como una «armonía multifacética», capaz de responder al requerimiento de diversas funciones al mismo tiempo[70]. Este cambio hacia la armonía no implica para el autor el abandono de la monumentalidad, que sigue considerando fundamental, sino que esta más bien aparece como un argumento sólido para la misma. El edificio público será el ejemplo más claro, en evidente sintonía con la construcción del estado norteamericano. Para el autor existen dos temas centrales a los que debe apuntar un edificio público, primero, la «estructura orgánica», y segundo, su carácter monumental[71]. Será en la primera donde la monumentalidad encuentre su base.

Greenough considera que el carácter monumental de un edificio depende del tamaño y de la adecuación al sitio en el que se ubique. También de la expresión exterior de su función interior. Escribe: «plantar un edificio firmemente en el suelo; darle la luz que sea posible, el aire que debe ser necesario; repartir los espacios por conveniencia, decidir su tamaño y modelar sus formas para sus funciones, estos actos organizan un edificio»[72]. Con este paso el autor fomenta la búsqueda de una belleza no dependiente de la forma en sí misma, sino de un diálogo con lo interno, que es la esencia de la adecuación, ya que, según él, «el carácter monumental de un edificio hace referencia a su sitio; a su adecuación en tamaño y forma a ese sitio. Tiene referencia también a la expresión externa de las funciones internas del edificio»[73]. Si la «estructura orgánica» está relacionada con la configuración interna del edificio, lo inorgánico sería también lo no funcional, lo que se introduce como un agregado a lo que ya es

---

69. «Si consideramos la arquitectura desde su perfección en los días de Pericles hasta su decadencia manifiesta en el reinado de Constantino, encontraremos que uno de los síntomas más seguros de la decadencia fue la adopción de formas y modelos admirados para fines no contemplados en su invención. El foro se convirtió en un templo; el tribunal se convirtió en un templo; el teatro se convirtió en una iglesia; ¡La columna, ese miembro organizado, esa parte subordinada, establecida por sí misma, usurpó la unidad y fue un monumento! Los grandes principios de la arquitectura fueron abandonados, la corrección dio paso a la novedad, la economía y la vanagloria asociada produjeron mezquindad y pretensión». Greenough, «American Architecture,» p. 54. Traducido por el autor.

70. Ver «Relative and independent beauty,» *Form and Function: Remarks on Art by Horatio Greenough*, (1947), p. 74.

71. «American Architecture,» p. 64. Traducido por el autor.

72. «Aesthetics in Washington,» *Form and Function: Remarks on Art by Horatio Greenough*, (1947), p. 20. Traducido por el autor.

73. *Ibid.* p. 21. Traducido por el autor.

esencial. Esto podría resumirse en la comparación que el autor establece entre el diseño de un tren y la utilización de un estilo del pasado, en una evidente crítica a la arquitectura de Thomas Jefferson. En una frase que, una vez más, se adelanta a Le Corbusier, dice: «¡Los hombres que han reducido la locomotora a sus elementos más simples están más cerca de Atenas en este momento que aquellos que aplican el templo griego a cualquier uso!»[74].

Como en Ruskin, también existe en Greenough la analogía directa con la naturaleza, en este caso llamando la atención sobre la capacidad de la misma de adaptarse a los medios, evitando de este modo una centralidad en la forma. Lo orgánico se entiende como la adaptabilidad del objeto, tanto a su función como al propio medio, lo que en arquitectura podría entenderse como el propio sitio. Según Greenough existiría también una ley de la adecuación, fundamental dentro de la naturaleza, que tendría que ver con la modificación del mismo cuerpo dependiendo de las condiciones del sitio particular[75]. Con unas premisas similares a las que manejara Bacon, y a su contemporáneo Karl Bötticher, Greenough brinda un aporte esencial a la noción de adecuación al proponer que el edificio no debe partir de una forma general, sino de un núcleo interior, hacia afuera. Ese núcleo interior es, en este caso, fruto de unas condiciones propias del lugar, que si se siguen con rigor, dan como resultado lo que podría resumirse en un esquema de diseño.

La función es también acción, ya que para el autor depende del propio funcionamiento del edificio. De ahí su analogía constante con las maquinarias. La función es movimiento propio. La belleza, en cambio, mantiene su cualidad estática. Si hay belleza es porque engendra dentro un funcionamiento adecuado. Para Greenough, como para muchos autores de ese período, el problema no yace tanto en la definición precisa de este modo de entender la función en la arquitectura (al fin y al cabo, la formación del autor es artística antes que arquitectónica), sino en afirmar una vez más que el problema de la belleza tiene su solución en la «esencia interior», esa función que es también origen y que, es capaz de dar sentido tanto a un organismo vivo como a una máquina. Si Greenough es uno de los primeros autores en introducir el término «instrumento» en el vocabulario de la función arquitectónica, es porque busca separar a esta última de la arbitrariedad de la pura belleza artística, intentando al mismo tiempo acercarla a la ciencia[76].

---

74. *Ibid.* p. 22. Traducido por el autor.
75. «American Architecture,» p. 58.
76. «Relative and independent beauty,» p.86. Traducido por el autor.

## Composición determinista

A los orígenes organicistas, a la oposición a la mecanización y a la simetría, se le suma una concepción de gran impacto en el discurso de la arquitectura moderna del siglo XX, y que tiene que ver con la asignación de una forma concreta para una función, lo que se conocerá como la función determinista. Es probable que el autor que más haya contribuido al origen de esta propuesta sea Julien Guadet en Francia. De modo similar a Durand, y también reincorporando el concepto de «composición» (composition) Guadet está preocupado por la transmisión de un conocimiento sobre el proyecto antes que por la elaboración de una teoría general sobre la arquitectura. Guadet persigue, también como Durand, un método para el diseño, que pueda anticipar los variados problemas funcionales a los que un arquitecto, ante el proceso de modernización, debe poder hacer frente. Para el autor la «composición» se ubica en un lugar más general. Se trata del acto de proyectar *per se*, y es mucho menos una teoría que una práctica del diseño. Este enfoque lo lleva a sentar las bases de esta función determinista, que tendrá su origen en la l'École des Beaux-Arts, pero que será la semilla de gran parte de los enfoques modernos para la adecuación.

Su extenso y difundido libro *Eléments et théorie de l'architecture. Cours professé à l'École nationale et spéciale des beaux-arts* de 1894 se encuentra plagado de consejos basados en la experiencia y sentido común que tienen el fin constante de poder definir un método proyectual pragmático[77]. Guadet anticipa así, al comienzo de su libro, la escasa importancia que la teoría tiene en el proyecto de arquitectura. Lo importante, según él, es un conocimiento y un método de aplicación, lo cual provee una habilidad que se demostrará finalmente en el encargo particular, cualquiera que este sea. Para Guadet la «composición» tendrá lugar en el momento de hacer frente a un proyecto particular: no existen teorías que puedan anticipar una mejor solución, ya que los requerimientos y circunstancias propias de cada encargo, según el autor, excederían

---

77. «En cuanto al método, intentaré siempre ir de lo simple a lo complejo, de lo conocido a lo desconocido, esperando poder demostrar que en arquitectura todo procede por deducción. El estudiante tiene que volver a hacer el trabajo que durante siglos se ha hecho: entender primero las necesidades primarias, los primeros métodos y el testimonio histórico del arte; más tarde, los elementos complejos y refinados, creados para satisfacer las necesidades mismas, los cuales resultan más complejos: debe poder entender que entre los elementos simples y complejos hay una cadena ininterrumpida, un progreso gradual; verá así el desarrollo lógico del arte, comprenderá el curso que tuvo durante siglos este trabajo, y que permitió que todas las civilizaciones hayan cooperado; y que sigue obedeciendo hoy la ley eterna del movimiento y de la transformación». Guadet, Julien, *The elements and theory of architecture* (Berkeley, 1907), p. 15. Traducido por el autor.

esta anticipación[78]. Esto lo lleva a considerar un conocimiento previo que estaría dado por el estudio de situaciones funcionales particulares ya existentes. Para el autor, «componer, es hacer uso de lo que uno sabe. La composición tiene sus materiales, como el edificio tiene los suyos, y estos materiales no son más ni menos que los elementos de la arquitectura. Además, la composición escapa a reglas y fórmulas: tiene que ser adquirida, por supuesto, pero difícilmente puede decirse que requiera instrucción teórica»[79]. A través de la «composición» se conjugan los diferentes «elementos» (*eléments*) de la arquitectura, los cuales entran en relación con mayor o menor éxito. Guadet considera estos «elementos» de modo similar a como lo hacía Durand, es decir, como particiones programáticas que podrían ser estudiadas individualmente, pero que cobran su verdadero sentido al ubicarse con respecto con las demás[80]. Los elementos que ponen en relación cada una de las habitaciones o células interiores, como las circulaciones, los accesos o los distribuidores resultan centrales en su concepción.

A diferencia de las exploraciones teóricas sobre las posibilidades de la flexibilidad funcional que Viollet-le-Duc había propuesto en su lectura de la antigüedad, Guadet mantiene firmemente la apuesta por la determinación funcional de cada recinto y el rigor en su organización. Si bien es cierto que existe una sintonía con la concepción de «las partes y el todo» ya planteada por Durand, para Guadet componer es sobre todo saber distribuir una planta. Momento del proceso que, según el autor, requiere además de una impronta personal por parte del arquitecto. Es por eso por lo que se refiere a la distribución de la planta como «lo que no se puede enseñar». Esta libertad individual está cimentada también sobre bases sólidas; de ahí el rigor exigido en el conocimiento sobre cada actividad a realizar en los posibles recintos que conjugan un programa. Los principios de esta enseñanza de atelier, que tanta

---

78. «Supongamos que a un arquitecto se le encarga que diseñe un esquema para un grupo de edificios escolares. El programa es más o menos complicado, la configuración, y muchas veces la insuficiencia de la tierra, los accesos, el vecindario circundante, los requisitos especiales harán que el estudio de su plan sea más o menos laborioso, más o menos perfecto; eso es la composición. Pero habrá asuntos con los que debería estar familiarizado de antemano; por ejemplo, cómo es una sala de clase, un patio de recreo, una cantina, una sala de dibujo, etc. Estos son los elementos de la composición, y esto es lo que podemos, hasta cierto punto, enseñar». *Ibid.* pp. 14-15.

79. *Ibid.* p. 11. Traducido por el autor.

80. «¿Qué es componer? Es juntar, unir las partes de un todo. Estas partes son los Elementos de Composición; de la misma manera como se materializan las concepciones con paredes, aberturas, bóvedas, techos –todos ellos Elementos de Arquitectura– se establece la composición con habitaciones, vestíbulos, pasajes, escaleras. Éstos son los Elementos de la Composición». Guadet, Julien citado en Madia, Luis J., *Introducción a la arquitectura contemporánea* (Madrid: Nobuko, 2004), p. 45. (Ed. orig. 2004).

influencia tendrá en el resto de las escuelas del mundo, se basan en la estructuración de ejercicios en los que la organización de la planta es lo más importante, realizados bajo un sistema geométrico donde priman la simetría (utilizando los ejes) y la monumentalidad (a través del alzado)[81], dando como resultado, en la mayoría de los casos, edificios de programas complejos y escala descomunal.

La referencia de Guadet resulta fundamental para comprender el cambio de concepción en la función a comienzos del siglo XX, definiendo en parte el espíritu de la adecuación. En *Theory and design in the first machine age*, Reyner Banham resume que en Guadet puede encontrarse «la búsqueda de un volumen separado y definido para cada función separada y definida, y la composición del edificio de modo que manifiesta esa separación y esa definición». El texto de Guadet facilitó la arquitectura de forma pura bajo argumentos utilitarios, y quizás el proyecto que mejor ilustre esta determinación funcional expresada a través de volúmenes sea el *Une Cité Industrielle* (fig. 3), realizado en 1904 por uno de sus más importantes discípulos, Tony Garnier. En la propuesta, difundida y nunca construida, cada programa se individualiza a través de un edificio particular y reconocible, sentando un precedente fundamental para la adecuación moderna.

## La individualidad del refugio

Aunque el libro de Guadet consiguió asentar el concepto más básico para una relación directa entre la función y su expresión formal, en el plano de la práctica de la arquitectura, la obra que va a otorgar profundidad y personalidad a estas ideas es, sin dudas, la de Frank Lloyd Wright. Aunque no puede afirmarse que sus escritos tengan la pretensión de contribuir directamente a una teoría de la función, a menudo plantean discusiones que tensan el problema, como cuando incorporan, con sentido crítico, la sentencia *form follows function*, de quien fuera su maestro, Louis Sullivan y que es heredera directa de las ideas de Guadet. El aporte teórico de Wright, quizás de modo similar a Mies, cobra mayor fuerza cuando es leído en paralelo con su obra construida. Puestos en ese contexto, los escritos realizados por el autor en los primeros

---

81. Como menciona Antón Capitel, en la planta de Guadet radica el rigor de la función, y en los alzados la libertad artística. Ver González Capitel, Antón, *La arquitectura compuesta por partes* (Barcelona: Gustavo Gili, 2009), p. 111. (Ed. orig. 2009).

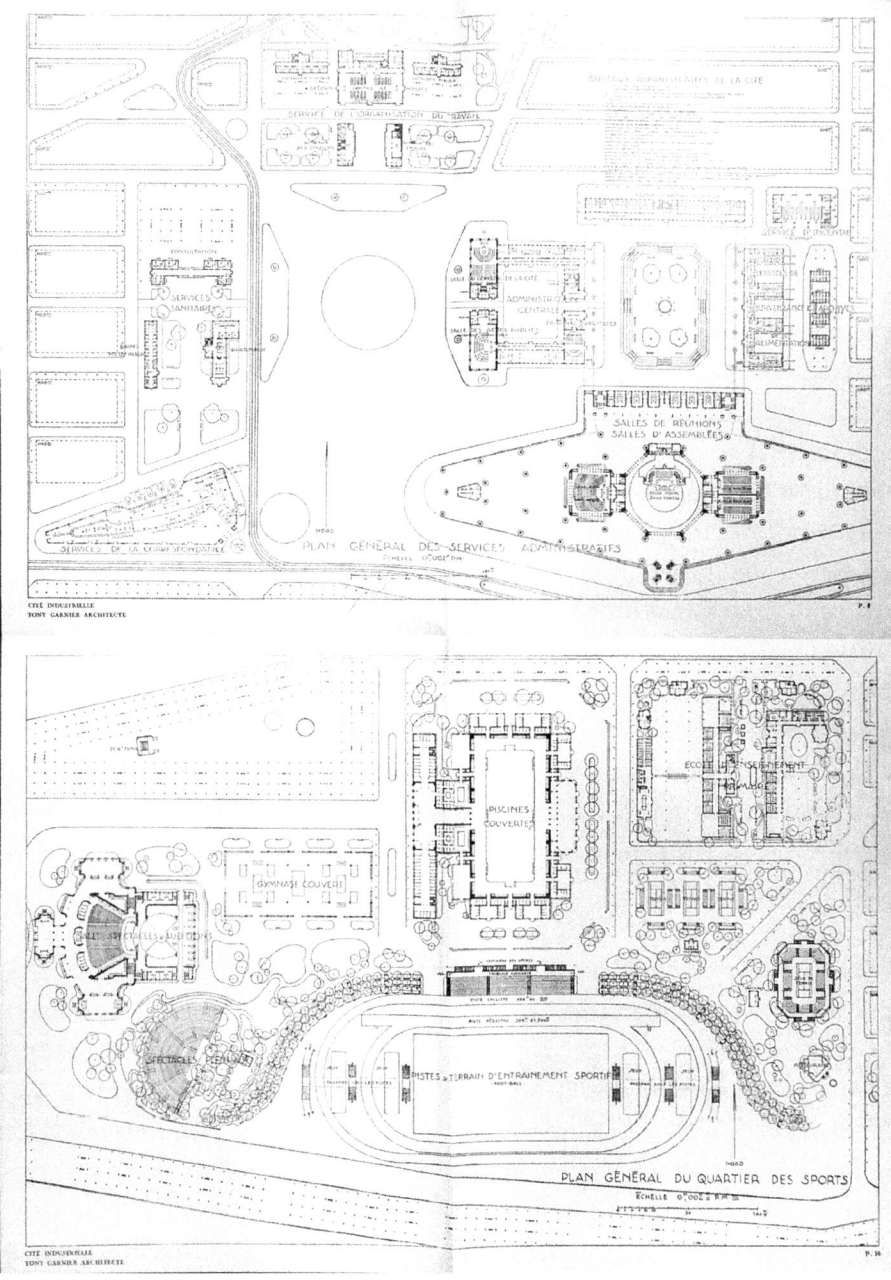

Figura 3. Garnier, Tony. «Une Cité Industrielle. Planta». Nueva York: Tony Garnier: the Cité Industrielle, 1904

años del siglo XX varias de las aproximaciones conceptuales históricas de la función, desde el punto de vista de la adecuación. Según Collins, «los historiadores generalmente están de acuerdo en que el mérito de esta nueva interpretación debe otorgarse, en lo que se refiere a la teoría arquitectónica, a Louis Sullivan, aunque puede decirse que nunca la expresó o aplicó antes de conocer a Wright»[82]. En gran medida los textos de Wright se construyen sobre apreciaciones subjetivas; son una suerte de ensayos y revisiones históricas, que se mezclan con vivencias personales, en defensa de su propia obra y con una vocación intensa para fundar lo que él considera una arquitectura moderna norteamericana. Esto último también lo había buscado Greenough, aunque Wright se diferencia de él al considerar a la industrialización como «un mal inevitable». La esencia de Norteamérica radica, según Wright, en los valores de libertad individual que provee la democracia, lo cual será un argumento central en su pensamiento sobre la función.

En «In the cause of architecture» de 1908 Wright desarrolla una serie de principios, a modo de tratado clásico. Aquí interpreta que la meta de Vitruvio y Vignola de imitar la naturaleza los lleva a un acercamiento casi platónico y, por lo mismo, inalcanzable. En contraste con esta visión clásica, y también de modo similar a como lo había planteado Greenough, recurre a lo orgánico: «el conocimiento de las relaciones de forma y función se encuentra en la raíz de su práctica; ¿Dónde más es posible encontrar lecciones como en los objetos que la naturaleza proporciona tan fácilmente? ¿Dónde más es posible estudiar las diferencias de forma que van a determinar el carácter como en los árboles? ¿Dónde es posible acelerar ese sentido de inevitabilidad característico de una obra de arte, como en el intercambio con la propia naturaleza?»[83] Wright ve en la naturaleza la problemática misma de la función, y refiere a la «forma y función» en un sentido de relación mutua, tal como lo propusiera Sullivan, vinculando esta idea directamente a la de lo «orgánico». Wright se cuestiona cómo el problema de la forma, sumada a la función, puede vincularse con la naturaleza, la raíz. En el mismo escrito hace una alegoría recurriendo a un término japonés específico para explicar el desarrollo natural de las ramas de los árboles, y afirma que la arquitectura occidental carece de este término y, por lo mismo, se encuentra aún

---

82. Collins, Peter, *Los ideales de la Arquitectura Moderna: su evolución. 1750-1950* (1969), p. 157. (Ed. orig. 1965).

83. Wright, Frank Lloyd, «In the cause of architecture,» en *On and by Frank Lloyd Wright. A primer of architectural principles*, ed. McCarter, Robert (Londres: Phaidon, 2005), p. 338. (Ed. orig. 1908). Traducido por el autor.

lejos de poder efectuar una correcta lectura de las lecciones de la naturaleza, ya que el mismo idioma inglés carece de estas herramientas. Para Wright la lógica de la naturaleza se hace evidente cuando la misma avanza en un perfeccionamiento continuo de sus formas, persiguiendo la función pura, y permitiendo el desarrollo individual de sus partes. Esta analogía habría sido posible en la arquitectura clásica, pero ya no en la renacentista[84]. En «Ausgeführte bauten und Entwürfe», publicado en Alemania en 1911, rescata a la arquitectura de lo que considera el «otro Renacimiento», que sería el de Mongolia, India, Arabia, Egipto, Grecia y la arquitectura medieval, en la que sí reconoce una relación directa entre forma y función, al modo de la naturaleza. Según el autor no existe una división tajante entre la función, la estructura y la forma. En su propia apuesta por lo orgánico todo es uno, y esto incluye tanto la construcción como el carácter de la arquitectura[85].

Como contrapartida a la naturaleza, Wright pone su ojo en el desarrollo tecnológico y la industrialización, estableciendo una relación tensa con las ideas de Greenough y Ruskin. La máquina es, para el autor, la nueva herramienta o, más bien, una «herramienta tristemente necesaria» que, sin embargo, no está del todo escindida de la naturaleza: «Aquí está eso que llamamos máquina, que es lo contrario al principio de crecimiento orgánico, pero que sin embargo lo imita, realizando irresistiblemente la voluntad humana por medio de los hombres»[86]. En «The arts and crafts of the machine», de 1901, Wright comienza entendiendo a la máquina como una evolución del antiguo *arts and crafts*, asume que su futuro desarrollo es inevitable y que, poco a poco, se ha ido haciendo lugar como el gran motor de la democracia. Según Wright, en la Edad Media, la arquitectura condensaba todos los saberes del arte; la arquitectura era la gran contenedora. En el Renacimiento, con la imprenta de Gutenberg, el libro entendido como objeto fue poco a poco destronando a la arquitectura. La existencia de la máquina es para Wright más potente y evidente que cualquier negación que se pueda hacer sobre ella; encuentra en ella un valor, dado sobre todo por la simpleza de su estructura: «la máquina es un maravilloso simplificador; el emancipador de la mente creativa, y al mismo tiempo el regenerador

---

84. *Ibid.* p. 341.

85. «Podemos estudiar con provecho estas verdades de forma y estructura, hechos de forma relacionados con la función, rasgos materiales de la línea que determinan el carácter, leyes de estructura inherentes a todo crecimiento natural. Nosotros mismos somos solo un producto de la ley natural». «Ausgeführte Bauten und Entwürfe,» en *Frank Lloyd Wright: primers escrits*, ed. Quetglas, Josep (Barcelona: Universitat Politècnica de Catalunya, 1994), p. 68. (Ed. orig. 1911).

86. «Máquinas, materiales y hombres,» en *Arquitectura moderna. The Kahn lectures. Princeton 1930* (Barcelona: Paidós, 2010), p. 120. (Ed. orig. 1930).

de la conciencia creativa»[87]. Ante la aparición de la industrialización lo que se pone en juego son las formas de la tradición. Se vuelve necesario entonces definir unas nuevas formas que dialoguen con ella. Estas serían las formas orgánicas que tienen origen en el gótico. Continuando en este caso el discurso de Ruskin y Greenough, el autor recupera, a través del gótico, la asimetría propia de la búsqueda funcional para cada situación, la adecuación al medio natural y la rusticidad y variedad de su factura.

En sus comienzos Wright afirma haber intentado traspasar los conocimientos que Adler y Sullivan acumularon sobre los rascacielos a los encargos residenciales que le tocó desarrollar en los suburbios de Chicago. A partir de estas experiencias Wright propone que debe haber tantas opciones de casas como de individuos[88], asumiendo las variaciones que la misma naturaleza genera en su crecimiento, afirmación que presenta una de las diferencias más importantes con respecto a la noción de eficiencia, donde el individuo se entrega a una estructura social superior. De esta manera ata la libertad individual inspirada en la democracia norteamericana al concepto artístico de lo orgánico. Así llega a hablar de la adecuación del edificio a su entorno natural y de su armonización con respecto a las particularidades: «Un edificio debería poder crecer fácilmente desde su propio sitio y tener una forma que armonice con su entorno, si es que la Naturaleza se manifiesta allí; y si ella no se hace presente, hay que intentar construir de un modo tan tranquilo, sustancial y orgánico como lo habría sido si la propia Naturaleza hubiera tenido la oportunidad»[89]. Es la cualidad propia del individuo libre la que puede alimentar fehacientemente la totalidad, y volverla armoniosa, lo cual se relaciona directamente con la democracia norteamericana[90]. Añade: «en América, cada

---

87. «The art and craft of the machine,» p. 20. Traducido por el autor.

88. También afirmará que «El promedio de la inteligencia humana aumenta de manera constante y, a medida que la unidad individual crece cada vez más, para confiar en nosotros tendremos como nunca antes una arquitectura con una unidad bastante más variada». «In the cause of architecture,» p. 340. Traducido por el autor.

89. *Ibid.* p. 339. Traducido por el autor.

90. «América, más que cualquier otra nación, presenta una nueva propuesta arquitectónica. Su ideal es la democracia y, en su espíritu democrático, las instituciones están concebidas de manera profesional. Esto significa que ella otorga una prima de vida a la individualidad —el mayor desarrollo posible del individuo consistente es convertirse en un todo armonioso— siendo que un aún no se ha beneficiado esa totalidad del sacrificio de la cualidad del individuo, considerando correctamente su propia «individualidad»; siendo que el todo, para ser digno de un todo, debe consistir en unidades individuales, grandes y fuertes en sí mismas, no unidas desde afuera en esclavitud, sino unidas dentro, con el derecho de moverse en unidad, cada una en su propia esfera, pero preservando este derecho al mayor grado de libertad posible para todos. Esto significa una vida individual más grande y más privacidad para la vida». „Ausgeführte Bauten und Entwürfe," p. 71. Traducido por el autor.

hombre tiene un derecho peculiar e inalienable de vivir a su manera»[91]. La peculiaridad del individuo debe quedar, para el autor, claramente reflejada en la función del espacio que habita. De hecho, es en la función donde yace la posibilidad de que se consoliden los hábitos y costumbres propias del ocupante. Las funciones revelan, quizás aún más que la forma, las cualidades individuales, pero además la misma función, en su repetición, no solo presenta una infinitud de variantes, sino, como el mismo Wright espera, es capaz de dar a entender las similitudes que hacen a un modo de vida democrático y que pueden alcanzar esa «totalidad»[92].

Wright no ve con claridad que la forma sea totalmente dependiente de la función, ni que esta última sea la que guíe a la primera: «si la individualidad de las diversas funciones para las diversas características consigue desarrollarse, las formas serán completas en sí mismas y, con frecuencia, se equilibrarán al mismo tiempo desde el interior y el exterior»[93]. La función para Wright contiene una forma que colabora en el funcionamiento del conjunto, de un modo orgánico que, al mismo tiempo, en el plano teórico, se acerca a la concepción de Ginzburg (este último había visualizado también esta cualidad en la arquitectura de Wright). En «The logic of the plan,» de 1928, plantea en el mismo sentido que la planta es el comienzo y el fin del proyecto porque, en caso de ser buena, es orgánica por naturaleza. La entiende como el «alma del edificio», ya que el edificio solo puede vivir gracias a ella: «existe una importante ecuación humana en el trabajo, en cada movimiento que se realiza»[94]. En un sentido organicista, Wright entiende que la planta debe alcanzar la «conveniencia» (*fitness*), una vinculación profunda entre el hombre y la arquitectura; en otras palabras, esta última sería casi una extensión del primero. Así, «cada edificio es de la calidad del alma de un hombre, de su sentido de armonía y aptitud»[95]. En el artículo «In the nature of materials» de 1928 Wright afirma que debe concebirse una nueva forma de «interior», relacionada con la función, en la que ya no exista una separación con respecto al exterior. Ambas realidades, interior y exterior, se convienen entre sí, y la arquitectura se vuelve de este modo integral. El interior es pensado como la semilla de la forma, asentando un concepto que será esencial en la adecuación. En este escrito Wright propone a su vez intercambiar el concepto de «edificio orgánico» (*organic building*) por el de

---

91. *Ibid.* Traducido por el autor.
92. *Ibid.*
93. «In the cause of architecture,» p. 341. Traducido por el autor.
94. «The logic of the plan,» p. 347. Traducido por el autor.
95. *Ibid.* Traducido por el autor.

«edificio natural» (natural building), lo que tendría que ver con una nueva concepción del interior, remarcada por ciertos «recursos», como la utilización del vidrio o la continuidad espacial.

Para Wright la arquitectura moderna europea es otro modo de escenografía que intenta emular la máquina desde un punto de vista superficial[96]. En su opinión, un edificio no tendría que parecerse a una máquina, ya que este no es su cometido, del mismo modo que la máquina no es de ninguna manera arquitectura. Wright opone a la máquina el interés por la adecuación del edificio a su propio entorno natural, a la tierra, por la posibilidad de generar un refugio cuyo techo se disponga según la escala humana. Una extensión de la vida horizontal del ocupante, ajustando su altura, adecuándola para conseguir «una arquitectura que pueda vivir y dejar vivir»[97]. La Casa Robie de 1908 es uno de los mayores exponentes de esta idea. La continuidad, una intención que Wright repite en diferentes escritos, está también relacionada con la eliminación de la columna y la viga que, en un movimiento que dialoga con lo propuesto por Laugier, se interponen y de algún modo ensucian los elementos arquitectónicos que realmente definen el espacio y permiten la fluidez. También entran en consideración componentes infraestructurales de la construcción, que llega a relacionar poéticamente con los órganos del cuerpo humano[98]. El lugar central, el corazón, está atribuido a la chimenea y al sistema de calefacción de la casa. Wright sigue el principio de Semper con respecto al fuego como centro de reunión social o familiar, y las ventanas como las vías de escape de esta guarida: una arquitectura que se construye desde un foco central y se expande hacia afuera. Al contrario que en gran parte de la arquitectura moderna europea, la transparencia no es una característica que sobresalga en la obra de Wright, ya que sus referencias espaciales se encuentran más relacionadas con la guarida y el refugio, es decir, con un interior claramente definido y separado del exterior. Es una estrategia que resulta aún más visible en sus proyectos para edificios institucionales o empresariales, como la sede

---

96. «En la mayoría de las casas de cartón del movimiento "modernista" apenas he encontrado pruebas de que quienes las proyectan dominen la maquinaria o los procesos mecánicos que forjan la casa. En su construcción no encuentro indicios de un método integral». «La casa de cartón,» p. 187.

97. «En el reino de las ideas,» en *El futuro de la arquitectura* (Barcelona: Poseidón, 1978), p. 164. (Ed. orig. 1931).

98. Wright estaba interesado en el funcionamiento íntegro del edificio. Muestra de eso es el desarrollo pionero de una calefacción centralizada para el edificio Larkin, construido en Búfalo en 1906. Escribe: «Toda casa es una imitación del cuerpo humano demasiado complicada, burda, recargada y mecánica. Los cables eléctricos hacen las veces del sistema nervioso, las cañerías representan los intestinos, el sistema de calefacción y las chimeneas son como las arterias y el corazón, y generalmente las ventanas hacen de ojos, nariz y pulmones». «La casa de cartón», p. 185.

para Larkin Soap Company, de 1903, Unity Temple, de 1905, o incluso el tardío museo Guggenheim, de 1943, en los cuales la tensión está puesta en el eje vertical, los muros se elevan hasta la cubierta y la luz es casi exclusivamente cenital. Su noción de cercanía al terreno como continuación de los principios de Semper queda otra vez en evidencia cuando afirma que «cualquier edificio destinado a propósitos humanos debería ser un rasgo característico elemental a tono con el suelo, complementario de su entorno natural, debería ser un rasgo emparentado con el terreno»[99].

En la casa construida para Darwin Martin en Búfalo en 1904 (fig. 4) los presupuestos teóricos de Wright en relación con la adecuación encuentran su madurez. En ella se muestra por primera vez el despliegue desenfadado en el terreno, una asimetría segura, que se exagera al máximo a través del despiece de la casa en tres pabellones: uno principal, que alberga los usos básicos; un establo con estacionamiento de coches y una tercera vivienda pequeña. La distancia entre estos elementos se enfatiza por la construcción de una gran pérgola conectora que, a la vez que remarca la línea horizontal, se apropia del terreno natural y permite recorrerlo y utilizarlo. Wright pone en práctica en esta obra uno de sus recursos característicos, situar los accesos no por el frente de los volúmenes, sino por sus laterales, evitando la perspectiva central clásica. En el interior, como en la mayor parte de su obra doméstica, la baja altura de los techos permite una vinculación casi agobiante con la escala humana, haciendo que las aperturas al exterior se vuelvan una búsqueda casi necesaria por parte del usuario. Wright dice: «para mí la casa era sobre todo un espacio interior bajo un buen *refugio*»[100], en alabanza de la comunión entre la naturaleza propia del edificio, esa que deriva de la utilización por parte de los usuarios y que permite engendrar una forma, y la propia construcción, que requiere un desarrollo técnico. En la visión de Wright estos dos universos no pueden disociarse y, así como la máquina tiene que ser necesariamente una imagen de la naturaleza, la forma (resultante de la función) requiere de una construcción que la sustente, sin perder la unidad. Esta unificación entre función y construcción, naturaleza y máquina es la síntesis más clara de sus aportes a la idea moderna de adecuación.

---

99. *Ibid.* p. 186.
100. *Ibid.* p. 192.

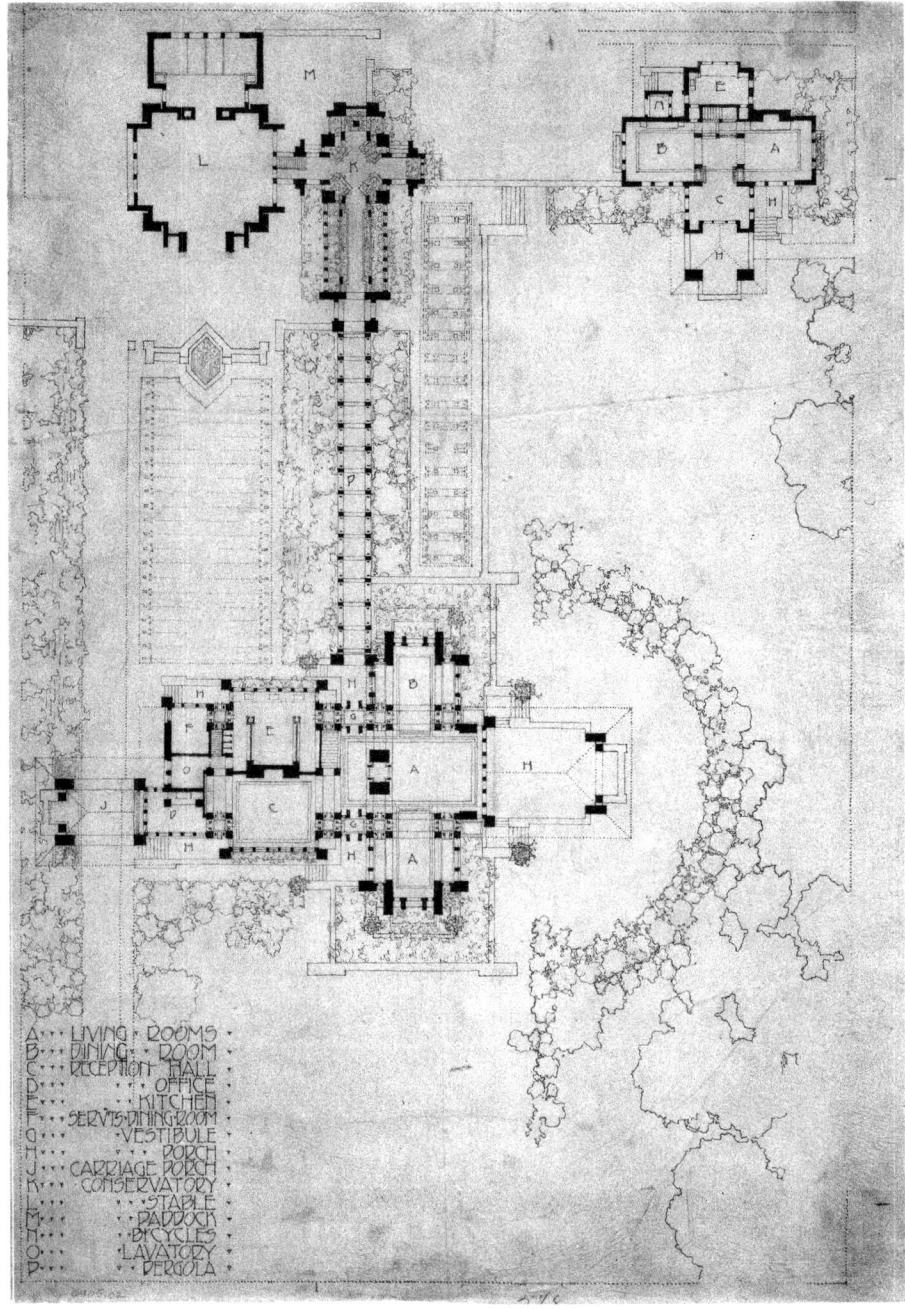

Figura 4. Wright, Frank Lloyd. «Darwin Martin House. Planta». Nueva York: The Museum of Modern Art. Columbia, 1904

# Propósito de la forma

Aunque escueta, la aportación teórica de Hugo Häring es quizás tan relevante para la adecuación como lo es la de Gínzburg para la eficiencia. Häring es el autor que con mayor radicalidad evoca un acercamiento a la particularidad de la adecuación en la arquitectura moderna europea, con una confianza genuina en la forma que le da cabida. Antes de acometer sus primeros escritos el autor alemán ya había trabajado en varias propuestas de viviendas unifamiliares en las que había ensayado una manera personal de solucionar los problemas funcionales, dando a cada habitáculo interior una particularidad geométrica fruto de la adecuación a la propia actividad a desarrollarse en ella. Estas primeras experiencias, junto con la construcción en proceso de Gut Garkau, de 1922 (fig. 5), alcanzaron tanto para elaborar conceptos que ponen en tensión el propósito y la expresión de un edificio como para que Adolf Behne decidiera darle un lugar de importancia en *Der moderne Zweckbau*, el difundido libro que en 1923 propone un panorama general de la arquitectura moderna, resaltando las características y diferencias entre las distintas corrientes. Aquí es donde Häring y Hans Scharoun[101] ocupan el lugar de lo que Behne entenderá como «funcionalismo»[102].

Häring llama a observar y comprender dos situaciones: por un lado, lo que entiende como el «propósito» de un edificio (*Zweckerfüllung*)[103], y por otro, la expresión del mismo (*Ausdruck*). Se trata de una batalla entre la forma y su significado. La división y el énfasis puestos en estos dos estados lleva a modos diferentes de entender los objetos. Häring hace referencia a un desequilibrio frente a dos posibilidades: cuando el fin del objeto se vuelve demasiado importante, la expresión queda disminuida, mientras que cuando el propósito tiene menos protagonismo, la expresión del objeto puede quedar por delante[104].

---

101. Aunque Häring sea el autor que con mayor claridad se aproximó teóricamente a adecuar la función a situaciones de una obsesiva particularidad, también, y al mismo tiempo, Hans Scharoun –colega y amigo de Häring, de quien recibe una notoria influencia– puso en práctica esta aproximación accediendo a una mayor cantidad encargos. Entre ellos se encuentra la especialmente difundida Casa Schminke.

102. Aunque Banham, en *Theory and design in the first age machine*, afirme que la primera utilización de peso del término «funcionalismo» –de amplio uso a mediado de los años treinta– fue el que acuñó Alberto Sartoris para titular su libro *Gli elementi dell'architettura funzionale*, fue Behne, en 1923 quien consiguió dotar al término de una consistencia pocas veces alcanzada. Behne tuvo una visualización casi prematura de los modos en que la función estaba afectando a la arquitectura moderna en las primeras décadas del siglo XX.

103. Es notable que en este artículo Häring no utiliza nunca el término *Funktion*, sino que hace referencia a *Zweckerfüllung*, que puede traducirse como «el alcance o cumplimiento del propósito».

104. «Las formas surgidas del propósito, conformadas por la vida, cuyo carácter primitivo no ha sido modificado por el hombre, son de índole natural y elemental, mientras que aquéllas otras a las que se busca dotar de una expresión, derivan de una norma, de reglas entendidas bajo el conocimiento

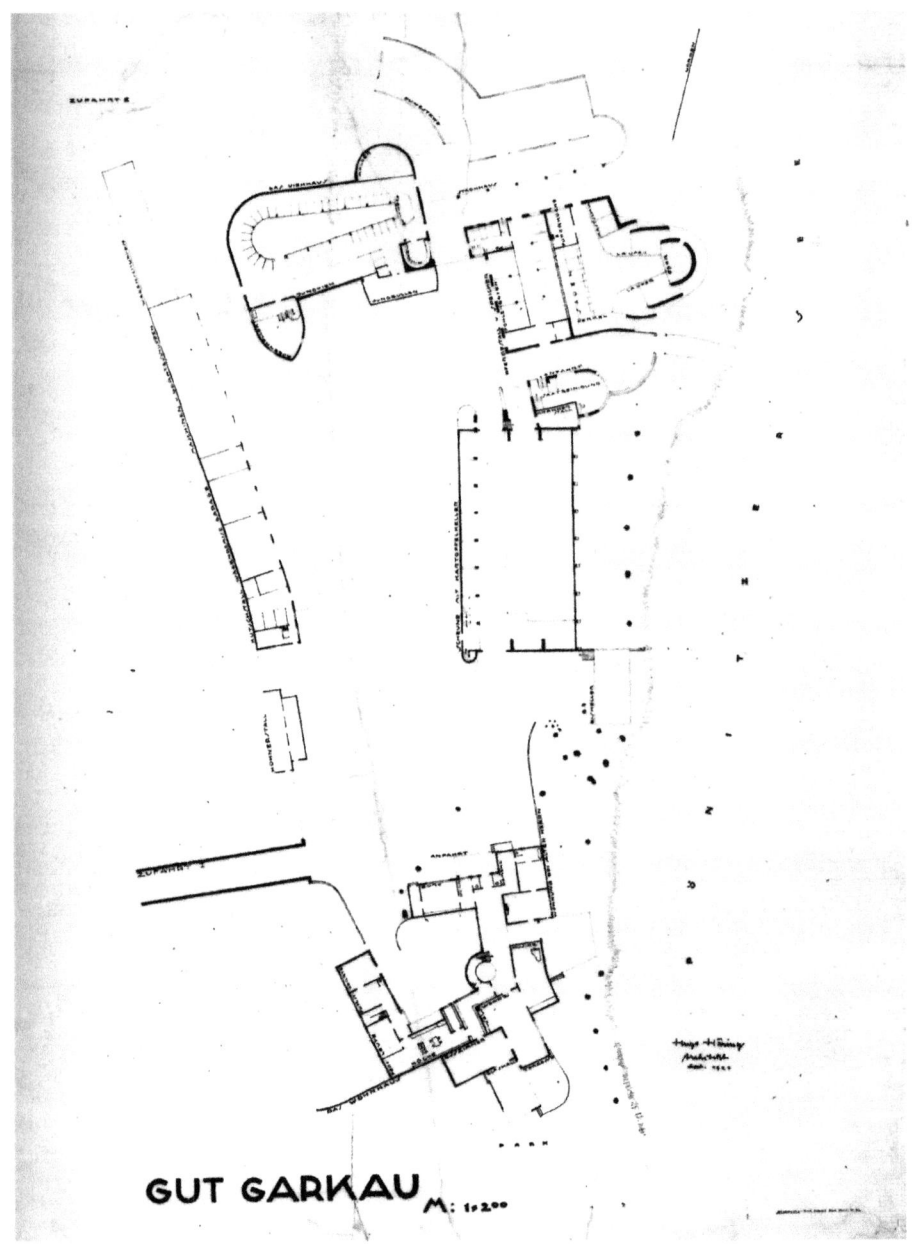

Figura 5. Häring, Hugo. «Gut Garkau Planta». Madrid: Escuela Técnica Superior de Arquitectura de Madrid, 1926

El propósito lleva no solo al anonimato, sino también a la búsqueda incesante de una repetición, con el fin de mejorarse a sí misma; por otro lado, la expresión lleva a movimientos erráticos producto de la psique del hombre. En el caso de los edificios responden principalmente al propósito, incluiría los de uso cotidiano, como las viviendas, las construcciones de ingeniería, o los edificios industriales, mientras que en los templos, edificios religiosos o de culto la expresión adquiere mayor relevancia. Para Häring resulta lógica la dificultad de alcanzar una forma expresiva que al mismo tiempo permita un correcto funcionamiento en todas sus partes. Al mismo tiempo es consciente de que, en la naturaleza, las formas elementales son de una naturalidad que nada tiene que ver con la búsqueda de originalidad humana, la cual cuenta inherentemente con un carácter expresivo, propio de la realización emocional. Según Häring, «esto significa que las formas derivadas del propósito también surgen de manera natural y, por así decirlo, de forma anónima, mientras que las formas creadas para conseguir una expresión derivan de una constitución psíquica y, por lo tanto, son altamente subjetivas e indeterminables»[105]. Las formas derivadas del propósito son eternas, ya que responden a un objetivo básico y natural, y las que derivan de la expresión varían con el tiempo, y están sujetas a la condición cultural. Son, al fin y al cabo, producto del estilo.

Según el autor, la expresión ha manifestado cambios importantes en las últimas décadas debido al dominio de la geometría, lo que considera un atentado ante la vida, el movimiento, la naturaleza y sus formas propias. La geometría es para Häring el campo donde más tajantemente se visualiza esta división. Por lo mismo su reclamo es el de aceptar las formas que derivan directamente del propósito, y no están aún contaminadas por la expresión, evitando geometrías que pueden dar resultados arbitrarios[106]. De esta manera aparecerían dos procesos: por un lado estaría la «definición formal» (Gestaltwerdung) vinculada a la evolución misma de la forma, o más precisamente, con al llegar a ser de la

---

humano. De manera que las primeras de estas formas, aún sometidas continuamente por circunstancias externas a modificaciones, son desde luego eternas e indestructibles, ya que son formas a las que la vida confiere sin cesar un nuevo renacer. Por el contrario, las formas emanadas de una voluntad de expresión se encuentran sometidas a la caducidad y a las variaciones del conocimiento del hombre. Ello quiere decir que las formas que satisfacen una finalidad práctica surgen asimismo de una manera natural y continúan de algún modo por un sendero anónimo». Häring, Hugo, «Wege zur Form», en *Hugo Häring: schriften, entwürfe, bauten, ed. Joedicke, Jurgen; Lauterbach, Heinrich* (Stuttgart: Karl Kramer, 1961), p. 13. (Ed. orig. 1925). Traducido por el autor.

105. *Ibid.* Traducido por el autor.

106. «Debemos buscar hacer valer nuestros reclamos de expresión en la dirección de la vida, en la dirección del devenir, en la dirección del cambio de ruta, en la dirección de un diseño natural; desde el diseño hasta cumplimiento del propósito seguimos también la propia ruta del diseño de la naturaleza». *Ibid.* Traducido por el autor.

forma, que tendría que ver con cómo los requerimientos funcionales han afectado los modos de expresión de los objetos. Por otro lado estaría el «hallazgo formal» (Gestaltfindung) que el autor ejemplifica con los productos de la industrialización, como los autos, barcos o aviones, los cuales entiende como parte del nacimiento de una nueva espiritualidad, fruto directo del propósito. Para Häring la diferencia principal entre «definición formal» y «hallazgo formal» estriba en que las formas de la naturaleza parten del orden de diversas lógicas individuales, que responden a su vez al desarrollo de la vida y al propósito. Por lo tanto, una búsqueda de la forma por sí misma[107] solo se acercaría más a una expresión ensimismada. El camino debe ser el de la naturaleza, el cual conduce al verdadero planeamiento, y también al hallazgo (más que a la definición) de formas y geometrías propias[108]. A diferencia de Wright (quien ya había roto el orden formal simétrico), Häring reclama un desarrollo de la naturaleza absoluto, que no atiende al sitio donde el objeto se asienta y se relaciona, sino a un principio superior de naturaleza que guía incluso el propio diseño.

Para el autor es necesaria además una paulatina adecuación de la sociedad a este modo de vida, que incluye, necesariamente, una reforma social que permita la sintonía de la cultura con respecto a su espacio habitable. Escribe: «si queremos alcanzar el descubrimiento de las cosas, primero debemos alcanzar el diseño de una nueva vida, una nueva sociedad. Porque no podemos determinar el significado del individuo a menos que sepamos el significado del todo lo que pertenece a este individuo. Por lo tanto, si exigimos que se recurra al camino de la naturaleza para encontrar la forma de los elementos individuales, entonces debemos complementar o, mejor dicho, anticipar que también exigimos la formación de una nueva vida, una nueva sociedad para nuestra encarnación, que continúe también el camino de la naturaleza, y no en contra de ella»[109]. La forma se construye en este caso desde el interior, desde lo que Häring considera como «la vida»; las particularidades de ese interior deben

---

107. Häring emplea términos específicos en alemán para esta operación, como *Zwangsform*, *Gestaltfindung* o *Gestaltgebung*.

108. «Aunque el concepto geométrico de la planta funcionó para promover energía, también fue agotador y mortal. En el curso de estas culturas geométricas, el concepto de planta en sí mismo se alimenta cada vez más, retirándose de las afirmaciones de los vivos, vagando desde el triángulo y el cuadrado al rectángulo y al círculo y, finalmente, en este momento en el que no podemos actuar inicialmente sin conocimiento de la naturaleza, en el que tenemos que actuar según el propósito, no hay otra manera de hacerlo que no sea en el sentido de la naturaleza; saber cómo organizar los elementos de tal manera que su individualidad se desarrolle y, al mismo tiempo, este desarrollo permita la vida del conjunto. Este conjunto es la forma de nuestra vida». *Ibid*. Traducido por el autor.

109. *Ibid*. Traducido por el autor.

«desplegarse» hacia afuera y así generar un nuevo resultado exterior. Este resultado no podría considerarse forma en su integridad, porque no fue concebido desde el exterior. Las formas puras exteriores (menciona al propio Le Corbusier) las considera una unidad formal y no una unidad habitable, ya que su origen es puramente geométrico, pero de una geometría que además nada tiene que ver con la naturaleza[110]. Aunque ambos se refieran a ella, las visiones de la naturaleza de Häring y Le Corbusier distan mucho entre sí. A Häring no le es ajena la poesía detrás de la forma pura y la satisfacción intelectual que produce, pero lo que él persigue es satisfacer la experiencia en sí, no el intelecto. Lo que debe ser mecánico no es la forma, sino su producción: una forma mecánica solo puede, según Häring, aniquilar la vida.

La planta de la granja Gut Garkau, probablemente la obra más importante del autor, plantea un radio de giro en su trazado que permite la circulación natural de los animales sin tener que retroceder. En el extremo del espacio se sitúa el toro, en una expresión de jerarquía. Häring había entrevistado al propietario antes de realizar la obra, consultando por el modo natural en el que los animales se disponen en medio círculo para comer, para evitar que se incomoden entre sí. La ventilación natural y cruzada en el establo es necesaria para evitar el contagio de enfermedades entre los animales. Por ello Häring ensaya modos de ventilación e iluminación natural particulares, utilizando la estructura, la separación de los forjados con respecto a los muros o las mismas inclinaciones de la cubierta. La iluminación funciona de modo independiente de la ventilación, haciendo que esta última puede ser controlada de un modo más eficiente; las aberturas, que permiten la iluminación general, están ubicadas a lo largo del borde del forjado. La granja es tanto un templo como un organismo funcional. Como menciona Peter Blundell Jones: «...una comida en la mesa de una casa de granja tradicional significa mucho más que mera nutrición. Reúne a la familia, a intervalos regulares, y por lo mismo regula su día y su trabajo. En ella se definen sus relaciones sociales, y les recuerda constantemente que es responsable de proveer su sustento. En todas estas cosas los edificios sirven como teclas de acceso, como recordatorios del lugar que tienen todas las personas; pero es aún más que eso. Incorporan tanto el indicador del orden social

---

110. «A partir de las leyes de configuración del círculo es imposible obtener una planta, aunque es probable que encontremos figuras idénticas al círculo en las formas de la naturaleza, en el mismo camino que ésta nos indica. Con ello queremos decir: existe un camino de la forma en el que todos los objetos, tanto los que se conforman a la manera de figuras geométricas como los semejantes a las formas cristalinas, llegan a adquirir su forma definida a partir de la idea encerrada en un concepto individual. Por el contrario, cuando los objetos adquieren su forma a partir de ideas externas, ajenas a su propio interior, el camino hacia la forma discurre por caminos diferentes». *Ibid*. Traducido por el autor.

como el marco necesario para la actividad, el marco sin el cual las actividades no podrían suceder, o bien sucederían de otra manera»[111].

Si Ginzburg intentaba establecer una conexión directa entre la función de la arquitectura y la máquina a través de la lectura de los procesos industriales, Gut Garkau es una especie de manifiesto que permite a Häring, literalmente, vincular la función arquitectónica con la de los sistemas vivos, en este caso, los animales. Gut Garkau es también una fábrica, un edificio que alberga un sistema productivo, y su principal aportación radica en el valor que Häring otorga a la geometría en el momento de elaborar soluciones funcionales. Su aparente libertad formal está contrarrestada por una adecuación a cada pequeña solución que exige una forma particular, que tiende a lo orgánico. El conjunto resulta en una sumatoria de soluciones que, al estar concebidas en el mismo lenguaje, pueden leerse como unidad. La adecuación aparece en la obra y pensamiento de Häring como una oda a la especificidad de la vida, tanto humana como no humana; un conocimiento profundo del mundo interior.

## Materia y lugar

La idea de «humanizar» la arquitectura, la máquina y, finalmente, la función es la que lleva a Alvar Aalto a recuperar el componente emocional de la adecuación, alejado de lo sistémico, en una obra que, por el énfasis en estas mismas características, conseguirá plantearse como una alternativa tardía a la arquitectura moderna más racionalista y universal. Aalto se coloca, a través de sus textos, discursos y (sobre todo) obras como un heredero del pensamiento de Häring, ya que sus soluciones dan cuenta de un estudio pormenorizado de las actividades humanas más comunes y pequeñas, pero otorgando preponderancia, sobre todo, a la «naturaleza del lugar». Aalto dota a cada programa de una particularidad, o más bien en cada programa encuentra una temática propia para hacerlo único. Esto lo lleva a considerar al mismo tiempo el entorno natural y el construido de una manera cautelosa.

Aalto entiende que la función en la arquitectura está íntimamente ligada a la construcción y al conocimiento de la materia. Mantiene la posición propia de esta línea de pensamiento según la cual los intereses formales resultan un velo frente a los verdaderos problemas funcionales, que presentan un

---

111. Blundell Jones, Peter, *Hugo Häring: the organic versus the geometric* (Stuttgart: Ed. Menges, 1999), p. 23. Traducido por el autor.

desafío aún más complejo para el arquitecto: «estamos aquí para humanizar la naturaleza mecánica de los materiales»[112]. La naturaleza, y más en concreto el propio entorno físico, pasan a ser nuevamente los puntos de partida: «en la lucha humana contra la naturaleza, somos siempre conscientes del esfuerzo que se realiza para tratar el problema con el que nos enfrentamos, de forma que su importancia y su efecto perjudicial sobre la vida se verá reducido tan pronto como se haya hallado la solución correcta. Si observamos la arquitectura desde este prisma, o sea como un apartado de la lucha entre el hombre y la naturaleza, descubriremos su carácter esencial: una variabilidad sistemática y constante»[113]. Tanto en sus proyectos como en sus escritos el autor procura dar cuenta de la necesidad de un planteo crítico frente a la repetición que, casi como una alegoría de la fabricación en serie característica de la industrialización, la arquitectura moderna incorpora en su lenguaje. Aalto propone, frente a esta situación, la búsqueda de la excepcionalidad y de lo fragmentario en la forma, al mismo tiempo que percibe que los planteos formales afectan directamente a la función. De esto se desprende lo que entiende como «desarrollo humano», uno de los conceptos más importantes del autor. Este encuentra su origen en los problemas extradisciplinares, como la percepción y la psicología, los que se ven directamente afectados por el entorno arquitectónico. Lo realista de la arquitectura es, para Aalto, esta aproximación que podríamos entender como humanista, y que busca brindar un segundo grado de confort, una vez que la organización correcta de los espacios ya ha sido conseguida por la primera arquitectura moderna, al desentenderse de la simetría y adoptar la escala humana.

Recuperando la propuesta de Wright, pero llevándola más allá, Aalto no se refiere a la naturaleza como una abstracción de la que hay que tomar lecciones, sino que considera a la misma como algo concreto, con vida propia, con la cual hay que lidiar, y en la cual hay que intervenir. También llama la atención sobre el alejamiento de la sociedad moderna frente a la naturaleza cuando afirma que las velas resultan mejores elementos de iluminación que las bombillas, o que la ventilación artificial resulta perjudicial para la salud (en un tono casi reaccionario). En probable concordancia con la situación geográfica finlandesa, Aalto exige la presencia física de la naturaleza en la vida de las

---

112. Aalto, Alvar, «Entre el humanismo y el materialismo,» en *La humanización de la arquitectura* (Barcelona: Tusquets, 1978), p. 47. (Ed. orig. 1955).

113. «La influencia de la construcción y los materiales en la arquitectura moderna,» en *ibid.*, p. 10. (Ed. orig. 1938).

personas, porque entiende que existe allí un bienestar incapaz de ser reemplazado por la modernidad.

El de la técnica constructiva es un problema esencial en la obra y el pensamiento de este autor, y se encuentra vinculado a lo fisiológico, lo social y lo psicológico de la planificación. La materia de la construcción es colocada en consonancia con la función. Aalto, en este sentido, afirma que la influencia directa de los materiales en la arquitectura se ha perdido desde que los procesos de producción modernos han impuesto a los mismos a un continuo cambio, haciendo de estos algo casi irreconocible. Aalto define al mismo tiempo y con precisión las cualidades de uso de los propios ambientes: problemas como el color, la reflexión de la luz, las condiciones acústicas son tratados en detalle en sus proyectos y están asociados a los procesos a los que los materiales son sometidos y por los que son afectados; los materiales que poseen un comportamiento acústico mejorado han permitido obtener recintos de reunión más pequeños sin ocasionar molestias; los sistemas de calefacción centrales han modificado el modo en que tanto los edificios como las ciudades se han planificado. De esta manera, las soluciones no implican una negación de los objetos industrializados, y la estandarización no debe significar, según él, una repetición, sino más bien un número mayor de combinaciones posibles. Esto equivaldría también a una analogía con la naturaleza, que se repite por medio de células que generan estructuras diferentes.

Aalto afirma la existencia de una «arquitectura funcionalista» en contraste con otra «formalista»: «la función es el uso característico, tarea o acción de un objeto. La función es también una cosa que depende de otra y varía en función de ella. El funcionalismo —según la definición atrevida de los diccionarios— es la adecuación consciente de la forma al uso, es a la vez más y menos que ambas cosas, pues debe admitir y contar con ambos significados de la palabra función»[114]. En definitiva, para Aalto un objeto, puede ser funcional en algún campo determinado de la arquitectura y no serlo en otro; puede serlo, como la arquitectura moderna, desde el punto de vista técnico u económico, pero para él «si la arquitectura abarca todos los campos de la vida humana, el verdadero funcionalismo de la arquitectura debe reflejarse, principalmente, en su funcionalidad bajo el punto de vista humano»[115]. Habría entonces un «funcionalismo técnico», que se centraría en el aprovechamiento de las técnicas industrializadas y la propia economía de construcción, y un «funcionalismo

---

114. «La humanización de la arquitectura,» p. 25.
115. *Ibid.* p. 26.

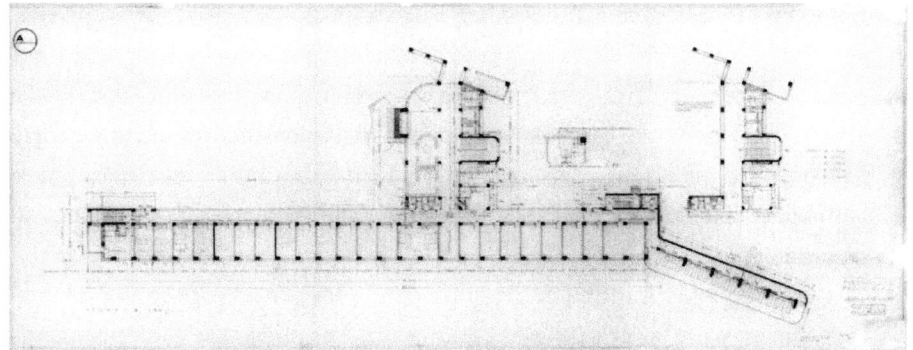

Figura 6. Aalto, Alvar. «Sanatorio Paimio. Planta». Helsinki: Alvar Aalto Foundation, 1933

humano», que sería el que él mismo encarnaría. El primero solo tendría sentido para Aalto si el «funcionalismo» en general consiguiera avanzar paulatinamente en los diversos campos de la arquitectura hasta poder satisfacerlos a todos. El «funcionalismo humano» pertenecería entonces a una segunda fase de la arquitectura moderna. Según Aalto, en la primera fase de la arquitectura moderna, se exageró la técnica racional, y las funciones humanas no se recalcaron suficiente, pero el problema no era tanto la racionalización como la escasa profundización en la misma. Así se habría llegado a esta segunda fase, donde priman los problemas psicológicos y humanitarios: «la nueva fase de la arquitectura moderna intenta proyectar los métodos racionales desde el ámbito técnico al terreno psicológico y humano»[116].

Para el autor la arquitectura nunca puede ser una ciencia, por más que algunos métodos le sean cercanos. En cambio, por medio de la consideración de la vida humana, se puede ampliar el campo científico de la arquitectura, incorporando el instinto y el arte. El mismo Aalto pone de ejemplo el caso del centro de tuberculosos en Paimio, de 1929 (fig. 6), porque estima que la arquitectura, en casos particulares, debe ser valorada por usuarios con una alta sensibilidad. Aalto menciona haber experimentado dos temas centrales en el proceso de este proyecto: la relación entre el individuo y su habitación, y la protección del individuo de la colectividad. Así estudió la forma de los habitáculos, los colores, la luz natural y artificial, los sistemas de calefacción y la acústica[117].

---

116. *Ibid.* p. 27.
117. «Este primer experimento se realizó con una persona en la condición más débil posible, una paciente en cama. Uno de los resultados especiales descubiertos consistió en la necesidad de cambiar los colores de la habitación. En muchos otros sentidos, el experimento demostró que la habitación debía tener una forma diferente a las habitaciones ordinarias. Esta diferencia puede explicarse del siguiente modo: la habitación ordinaria está concebida para una persona de pie; una habitación para enfermos es

También en la Biblioteca Municipal de Viipuri, de 1933, reaparece su preocupación por la intensidad de la luz natural cuando la misma es aportada verticalmente a través de claraboyas[118]. En estas obras construidas en Finlandia se condensa una buena parte de las exigencias históricas acumuladas en torno a la adecuación. Bien por intercambiar la belleza y armonía del objeto por su maleabilidad y su disposición formal adecuada al medio, o bien por la facilidad de un edificio para poder estirarse, torcerse o fragmentarse encontrando mejores condiciones de iluminación, ventilación, otorgando espacios interiores más propicios para las tareas a realizar. Aalto entiende que cada programa, además de contar con una particularidad, exige la atención sobre ciertos problemas funcionales que en otro edificio podrían ser menos relevantes. Se trata de comprender cuál es la temática inherente que pueda afectar en mayor medida a la utilización correcta del edificio por parte del usuario, de soluciones que reduzcan las limitaciones funcionales y, finalmente, de dotar al edificio de cierta invisibilidad.

---

una habitación para personas en estado horizontal, y los colores, iluminación, calefacción, etc. deben diseñarse teniendo en cuenta este concepto. Esto significa, prácticamente, que el techo debe ser más oscuro, pintado de un color celeste especial, apto para ser la única visión de un paciente reclinado durante semanas. La luz artificial no puede venir de un aplique ordinario fijado en el techo, sino que el principal centro de luz debe provenir de un lugar situado fuera del ángulo de visión del paciente. [...] Asimismo se consideró la posición del paciente para el emplazamiento de las puertas y ventanas. Para evitar los ruidos, una pared de la habitación era absorbente de sonido, y los lavabos se diseñaron especialmente para que el chorro de agua incidiera en la porcelana en ángulo agudo, evitando el ruido de este modo». *Ibid.* pp. 31-32.

118. «El problema más importante en relación a una biblioteca es el del ojo humano. [...] El ojo es solamente una parte diminuta del cuerpo humano, pero es la más sensible y quizás la más importante. [...] La luz del día a través de las ventanas ordinarias solo cubre una parte de una sala grande e incluso si la habitación está suficientemente iluminada, la luz será desigual y variará sobre los distintos puntos del suelo; por esta razón se han usado preferentemente claraboyas en las bibliotecas, museos, etc. Pero la claraboya que cubre el área completa del suelo, produce una luz exagerada, si no se realizan arreglos adicionales. [...] En el edificio de Viipuri, se resolvió el problema con la ayuda de numerosas claraboyas cónicas, construidas de forma que la luz pudiera ser denominada luz diurna indirecta. [...] En Finlandia, el mayor ángulo de incidencia de la luz del sol es casi de cincuenta y dos grados. Los conos de cemento están diseñados de forma que la luz del sol incida siempre indirectamente. Las superficies de los conos expanden la luz en millones de direcciones. Teóricamente, por ejemplo, la luz alcanza a un libro abierto desde todas esas diferentes direcciones evitando de este modo la reflexión al ojo humano de las páginas blancas del libro». *Ibid.* pp. 33-34.

# Flexibilidad

Las costumbres de una sociedad no tienen por qué someterse
a unas disposiciones arquitectónicas determinadas, sino que
dichas disposiciones deben surgir de aquellas costumbres,
de unos hábitos que son esencialmente variables.
(Eugène Viollet-le-Duc,
*Entretiens sur l'architecture*, 1863)

Tenemos que dominar las fuerzas desatadas e incorporarlas a un nuevo
orden, y precisamente a un orden que deje suficiente espacio libre a la
vida para que pueda desarrollarse. Sí, un orden nuevo pero que esté
relacionado con los hombres [...] Ha de ser posible resolver la tarea de
dominar la naturaleza y al mismo tiempo crear una nueva libertad.
(Mies van der Rohe,
«Los requisitos de la creatividad arquitectónica,» 1928)

La flexibilidad en la arquitectura tiene dos enfoques bien marcados; el primero tiene que ver con tanto la amplitud de posibilidades funcionales de un mismo espacio para ampliar los grados de libertad funcional del mismo; el segundo está relacionado a la capacidad de un edificio de transformarse a sí mismo para, nuevamente, dotar a un mismo espacio de más de una posibilidad funcional. En ambos casos se ponen en crisis los márgenes que los elementos arquitectónicos tienen para habilitar o condicionar ciertas acciones. La flexibilidad puede depender de un sistema lo suficientemente amplio como para albergar la diversidad o de ciertos mecanismos que modifiquen los límites arquitectónicos.

En la tradición francesa el problema de la flexibilidad ha estado presente, aunque con diferentes matices, desde el siglo XVII, sobre todo en una primitiva proposición de un sistema abierto, con bases tanto racionalistas como empiristas, en oposición a las teorías de las proporciones humanas, marca del sistema clásico. En la misma tradición francesa se desarrollarán revisiones críticas sobre las ordenaciones funcionales de algunas de las grandes obras de la historia, en pos de una distribución fluida. La estructura tendrá en estos discursos un rol primordial, no solo como soporte, sino como elemento funcional que permite o elimina libertades de movimiento, con la columna como elemento independiente capaz de articular el espacio vacío. También en la Francia del siglo XIX se propiciará el terreno para profundizar en la noción de espacio flexible, abierto a diferentes usos, al traer a discusión el concepto de programa arquitectónico. Tipos constructivos clásicos de la historia, como la basílica o la cabaña primitiva, serán referentes centrales en esta discusión, ya que en ambos prima el concepto de una estructura permisiva, que se aleja de la fragmentación espacial por medio de muros y salas, y se acepta la continuidad e integridad de un único espacio, lo cual tendrá eco directo en otro referente tipológico de la flexibilidad: el rascacielos norteamericano de fines del siglo XIX.

Pero será en el período de entreguerras cuando las vanguardias estéticas conseguirán definir el corpus principal de noción de flexibilidad moderna, en una lucha a favor de la no determinación de las actividades y en contra de la obsolescencia del edificio. La noción de flexibilidad adopta en esta línea otros intereses, ligados a lo transparente, lo continuo y lo cambiante; un espacio para el ser, que aboga por la desmaterialización de la arquitectura como objeto, liberando su masa y opacidad para asumir la transparencia y libertad del usuario. Estas características requieren de unas posibilidades técnicas de construcción que comienzan a madurar en este período.

La flexibilidad encuentra también sostén en una apuesta ontológica, que exige el descubrimiento del sentido de uso de un espacio. Se trata de una noción que propone modos de vida que desafían las costumbres y dependen de la interpretación del propio habitante, trayendo consigo un lenguaje que no puede sino ser vanguardista, en el que las divisiones espaciales dejan de lado lo estático y pesado de la construcción tradicional para pasar a incorporar las nuevas nociones de lo blando, lo efímero y lo translúcido. Además, la flexibilidad implica, al mismo tiempo, una modificación tajante del propio habitar, introduciendo una capacidad dinámica; el objeto no solo permite la diversidad de actividades en un mismo escenario, sino que, dada su patente neutralidad, lo exige.

La de Claude Perrault no es una aportación directa al problema de la flexibilidad, pero su impronta por ampliar el marco de libertad del sistema clásico dejará una huella fundamental en las posteriores discusiones que se den en Francia, sobre todo en la recuperación de los valores espaciales y estructurales del gótico, que tanta influencia tendrán en las búsquedas de libertad o neutralidad funcional. Tanto en su interpretación y traducción de *Los diez libros de arquitectura* de Vitruvio como en su posterior *Ordonnance des cinq especes de colonnes selon la methode des anciens*, el autor se propone estudiar y elaborar una serie de reglas que permitan dominar los órdenes del sistema clásico gracias a las matemáticas. La idea de «necesidad» *(necessité)* es puesta en un lugar anterior a la belleza, como una carencia civil que redunda en una ampliación de los requerimientos básicos a suplir por las construcciones del Estado. Para esto Perrault confía en un desarrollo del conocimiento técnico a partir del cual es posible avanzar hacia el bienestar de la sociedad. La satisfacción de las necesidades básicas descansaría en la observación intencionada de los problemas arquitectónicos que, tras un conocimiento preciso, permite soluciones concretas. A pesar de esto, Perrault no busca conclusiones cerradas ni herméticas que lo lleven a propuestas basadas en la eficiencia, sino que se apoya en un sistema abierto basado en el análisis de los fenómenos.

Como varios autores de su período, Perrault abre una discusión directa con algunos de los teóricos clásicos. Para Alberti la concordancia implicaba la capacidad de aunar la necesidad, la utilidad y la belleza en armonía, es decir, necesidad y utilidad como fin último de belleza[119], como una unidad. Perrault, en cambio, rechaza la idea de que las proporciones del sistema provengan del cuerpo humano y señala que las mismas no se desprenden de las leyes de la naturaleza sino de proporciones intrínsecas a la propia arquitectura[120]. Invierte por tanto el problema, al entender los órdenes como un sistema de auto referencia, que puede mutar y variar según cada situación, cada tipo de construcción o

---

119. «Ciertamente, si contemplamos el cielo, más nos admiran sus hechos asombrosos, porque vemos su belleza, que nos convencen de su absoluta utilidad». Alberti, Leon Battista, *De re aedificatoria*, vol. 10 (Madrid: Ediciones Akal, 1991), p. 245. (Ed. orig. 1485).

120. Esta idea de *Ordonnance* no es otra que la expansión del concepto de *ordenatio* de Vitruvio. Según este último: «La Ordenación consiste en la justa proporción de los elementos de una obra, tomados aisladamente y en conjunto, así como su conformidad respecto a un resultado simétrico. La Ordenación se regula por la cantidad, en griego *Posotes*. La Cantidad se define como la toma de unos módulos a partir de la misma obra, para cada uno de sus elementos y lograr así un resultado apropiado o armónico de la obra en su conjunto». Vitruvio, *Los diez libros de arquitectura*, vol. 2 (Madrid: Ediciones Akal, 1992), p. 32. (Ed. orig. 1486).

Figura 1. Perrault, Claude. «Palacio del Louvre. Fachada Este». París: Pierre Jean Mariette. 1738, 1667

cada programa. La operación otorga al arquitecto un margen de modificación de las proporciones según cada caso particular, sin los condicionantes de una norma absoluta: la norma ahora se basa en la observación. Este paso resulta fundamental para el diseño, donde se apoyarán gran parte de las aportaciones en torno a la flexibilidad. La base científica de Perrault exige transformar el entendimiento cotidiano de los fenómenos por unas soluciones sistemáticas, que dejarán preparado el terreno para un continuo estudio de los problemas de la función en Francia, los cuales, al menos hasta el siglo XVIII, se seguirán construyendo sobre el pensamiento cartesiano.

Es en el encargo de transformar la fachada oriental en la entrada principal del Palacio del Louvre, en 1667 (fig. 1), donde Perrault ensaya las ideas que posteriormente se consolidarían en *Ordonnance des cinq especes de colonnes selon la methode des anciens*[121]. En el proyecto subdivide el cuerpo de la fachada verticalmente en cuatro partes diferenciadas, pero manteniendo aún la expresión de un volumen puro horizontal, lograda en gran parte por la continuidad de un basamento sólido y austero, a partir del cual se elevan los elementos del sistema clásico, manteniendo en todo su largo una altura regular. Esta solución, originaria del barroco francés, tendrá una fuerte influencia en lo que se entiende como la tradición clasicista francesa. Se trata de una interpretación del sistema clásico bajo un estricto rigor geométrico. La solución de columnas en pares, utilizando el orden corintio, fue una apuesta por la invención que

---

121. Si bien el proyecto del Palacio precede en una década a su libro, Perrault ya había producido un grabado con una fachada muy similar en la publicación del mismo. Aún así, la autoría de este proyecto generó sucesivos debates, ya que, después de la cancelación del proyecto de Bernini, los trazos generales fueron decididos, además de por Perrault, por un comité compuesto por François Le Vau y Charles Le Brun. Ver Allais, Lucía, «Ordenando los órdenes: la 'ordonnance' de Claude Perrault y la columnata este del Louvre,» *Revista de Arquitectura 8*, (2006).

ejemplifica las pretensiones teóricas del autor[122]. Esta interpretación del uso de los órdenes acentúa el ritmo, a la vez que permite la transparencia de la galería, y una mayor iluminación natural en los nichos con las estatuas en el interior, y luego en el interior del edificio, ya que las ventanas construidas posteriormente se disponen entre los amplios intercolumnios (*dégagement*). La geometría general mantiene un rigor subyacente, ya que en el vacío entre pares de columnas cabría exactamente la columna faltante, por eso mismo la armonía de la fachada se mantiene intacta, y lo que parecen pares de columnas son, en cambio, ausencias de columnas que corresponden a un vacío controlado. Según Perrault esta disposición sería una invención legítima, entendida como una sexta forma de intercolumnio clásico, frente a los cinco que existían en el texto de Vitruvio. Perrault argumenta esta invención debido a la necesidad derivada de la costumbre francesa por la intensa iluminación interior, herencia del gótico medieval[123], recurriendo, como en sus lecturas, a la contingencia basada en la observación e interpretación de los hechos, filtrados por el rigor geométrico. También tendría que ver con una noción de «uso» (*usage*) a la que se refiriera su hermano, Charles Perrault: «Mientras que en los tiempos antiguos (explica Charles Perrault) las mujeres tenían que dejar de saludarse cuando entraban a los templos, ya que los espacios de entrada eran demasiado estrechos para dos cuerpos, los peristilos modernos mejoran a sus predecesores, acomodándose a su uso. Es por ello que los intervalos estrechos y amplios parecen ser referencias literales al uso antiguo y moderno, respectivamente. Y la columnata del Louvre puede ser entendida como una yuxtaposición en serie de dos tipos de usos: el intervalo corto antiguo, tan estrecho que solo permite la entrada de un cuerpo; y el moderno intercolumnio, llevado a cabo lo más amplio posible gracias a la tecnología de estructuras modernas»[124]. Lo que prevalece es la idea de explorar las posibilidades de un sistema clásico que no se entiende ya como el ideal al cual acercarse, ni tampoco como un sistema agotado, sino más bien como una serie de elementos flexibles con los que es posible seguir innovando y creciendo, ya sea por la intención de conseguir una representación diferenciada o por la necesidad de suplir nuevos problemas funcionales.

---

122. Aún así la originalidad de Perrault es algo que no puede afirmarse completamente, ya que la columna en pares exentos había sido empleada en 1525 por Giulio Romano en una de las fachadas del Palacio del té. Aunque también es necesario precisar que en este último caso las dobles columnas tienen sentido como punto de apoyo de los arcos, a diferencia de la cornisa continua que sostiene la fachada del Louvre.

123. Ver Ranogajec, Paul A., «Claude Perrault, East facade of the Louvre,» (2017).

124. Allais, «Ordenando los órdenes: la 'ordonnance' de Claude Perrault y la columnata este del Louvre».

## Estructura: principio y medida

En *Essai sur l'architecture*, publicado de modo anónimo en 1752, aparece el tipo arquitectónico que servirá como modelo de algunas de las nociones más importantes de la flexibilidad funcional: la cabaña primitiva, caracterizada por una estructura mínima y un espacio abierto, donde lo ausencia de muros es al mismo tiempo la presencia de libertad. En este libro Marc-Antoine Laugier hace un esfuerzo por condensar las líneas de pensamiento generales del racionalismo francés y del empirismo británico. De este modo se presenta también como «el primer texto de arquitectura en el que se recogen los cambios cualitativos que definieron la ruptura entre la herencia renacentista y la modernidad iluminista»[125], que además contó con una notable acogida en el momento, lo cual es notorio, dado que la carrera de Laugier se superpone con la de Jacques-François Blondel, Claude-Nicolas Ledoux y Étienne-Louis Boullée, ilustrando la diversidad de ideas presentes en la Francia del siglo XVIII. En el texto son evidentes las referencias a Rosseau, en el acercamiento a un clasicismo normativo con orígenes en las construcciones primitivas, pero filtradas por la matriz racionalista[126]. El tratado continúa por una parte la visión cientificista iniciada un siglo atrás por Perrault, pero lejos de fundirse con el pensamiento racionalista predominante de su época, incorpora cualidades subjetivas a su análisis arquitectónico, como la incidencia de la percepción y la importancia del sujeto. En esta operación el sistema clásico no se vería afectado, ya que por un lado mantendría el respaldo científico en las matemáticas fundado por Perrault y por otro incluiría la valoración emocional de corte empirista. Se trata de un intento por conciliar dos doctrinas hasta entonces separadas (en el seno de la arquitectura) poco antes de la irrupción del pensamiento de Kant.

La historia de la arquitectura es el material central en la obra de Marc-Antoine Laugier, la misma es analizada con un agudo sentido crítico con que va sentando las bases de su teoría. Se propone así la elaboración de una teoría que tiende a una valoración genuina de la esencia de la arquitectura clásica que, según él, resultó deformada por el Barroco en toda Europa. El problema de la estructura ocupa un lugar central en su discurso, que lo hace retroceder hasta los orígenes de la arquitectura, siguiendo el tratado de

---

125. Rubio, Lilia Maure, «Introducción» en Laugier, Marc-Antonie, *Ensayo sobre la arquitectura*, vol. 14 (Barcelona: Ediciones Akal, 1999). (Ed. orig. 1753).

126. Ver Kruft, Hanno-Walter, *Historia de la teoría de la arquitectura. 1. Desde la Antigüedad hasta el siglo XVIII* (Madrid: Alianza Editorial, 1990), p. 197.

Vitruvio, para quien la cabaña primitiva significaba el origen histórico de la construcción. Para Laugier la cabaña es «el principio y medida de toda la arquitectura», capaz de albergar elementos arquitectónicos «naturales, razonables y funcionales»[127]. La idea de este icono constructivo como primera construcción es para el autor superior a la caverna, ya que la cabaña supone un orden, una geometría y un rigor. Laugier escribe: «no perdamos de vista nuestra pequeña cabaña rústica. En ella solo veo columnas, un techo o entablamento, un tejado apuntado cuyos extremos conforman lo que nosotros llamamos un frontón. Hasta aquí ni un rastro de bóveda, menos aún de arco, nada de pedestales ni de ático, incluso ninguna puerta, ninguna ventana. Concluyo, pues, y digo: en todo orden arquitectónico solo pueden formar parte esencial de su composición la columna, el entablamento y el frontón. Si cada una de estas tres partes se encuentra en la situación y con la forma convenientes, no habrá que añadir nada para que la obra sea perfecta»[128]. Laugier no ve tanto en la cabaña una estructura como una síntesis de la esencia de la arquitectura. Esta misma exigencia de simplicidad y racionalidad será la que aplique a la función, al someter al análisis crítico a diversos edificios. De modo similar a como había apuntado Bacon, Laugier no considerará las distribuciones de los tipos arquitectónicos como una herencia intocable de las costumbres, sino que se permitirá discutirlas y transformarlas persiguiendo una «comodidad» (commodité) contemporánea. De igual manera, no descarta agregar nuevos órdenes a los ya existentes, considerando que los romanos debieron también sumar dos para adaptar el sistema a sus requerimientos[129].

Continuando temáticas de la tradición francesa, la «distribución» (distribution), a diferencia de la concepción de Blondel, queda en este caso ligada al «intercolumnio» (dégagement), dado que para Laugier las columnas, al separarse del muro, permiten una particular libertad en la circulación. Da un paso otorgando entidad y validez arquitectónica a un elemento que posee una firme base utilitaria y que, por ello mismo, se asume como moderno: «las circulaciones contribuyen mucho a la comodidad del alojamiento [...]. Bajo este nombre de circulación se incluyen todas las estancias que sirven para comunicar secretamente el interior de los aposentos al exterior. Estas circulaciones son necesarias para evitar los largos recorridos y para tener al alcance todos los servicios que puedan venir de los *offices* y de los espacios comunes,

127. Laugier, Marc-Antoine, *Ensayo sobre la arquitectura*, vol. 14, (Barcelona: Ediciones Akal, 1999), pp. 197-198. (Ed. orig. 1753).
128. *Ibid.*, p. 45.
129. Ver «Capítulo II» en *ibid*.

para zafarse cuando se desee, para ir y venir sin ser molestado y sin molestar a nadie»[130]. La distribución cobra un sentido de economía que comienza a ser entendido como indispensable en una sociedad moderna, con programas arquitectónicos cada vez más complejos. Alejándose de la idea básica de economía presente en Vitruvio, la «distribución» de Laugier se entiende más bien como una libertad funcional, que se desprende de la posibilidad de independizar la columna de cualquier otro elemento arquitectónico, para liberarla finalmente en el espacio. Busca una fluidez espacial más cercana al gótico, que resulta esencial para fundar la espacialidad característica de la flexibilidad. El intercolumnio que ensaya Perrault en el Louvre es principalmente exterior; Laugier piensa en cambio en un intercolumnio interior que permite liberar el muro para ejecutar las aberturas que sean necesarias. La noción funcional-estructural de Laugier se presenta como netamente moderna. La Iglesia de Sainte Geneviéve, construida entre 1758 y 1789 por Jacques-Germain Soufflot (fig. 2) es, como normalmente se considera, el edificio que más claramente condensa estas ideas, por tratarse de una obra que recupera los elementos de la arquitectura griega en clave racionalista, enfatizando la fluidez del espacio gótico. Las columnas adquieren en ella un rol protagónico, realzando su esbeltez bajo un entablamento recto, pero intercambiando las pilastras por columnas adosadas, para reforzar la independencia de estas últimas e insinuar un espacio de muro ininterrumpido, en que unas ingrávidas columnas y una diferencia de nivel de suelo salvada por una decena de escalones, fragmentan el interior según las funciones litúrgicas. La planta en cruz griega, con la imponente cúpula central, resta protagonismo al altar y confiere al interior un carácter espacial fluido, con diversos puntos de tensión que eliminan la noción de foco. Esta espacialidad particular evita relacionar directamente esta distribución a la de una iglesia tradicional de planta basilical, esquema que se basa en un recorrido lineal desde el acceso hasta el altar. La adaptación y neutralidad inherentes al espacio permitieron una interpretación democrática e inclusiva, que dio lugar a la mutación del programa de la iglesia original al Panteón laico de París, después de 1789.

---

130. *Ibid.* p. 103.

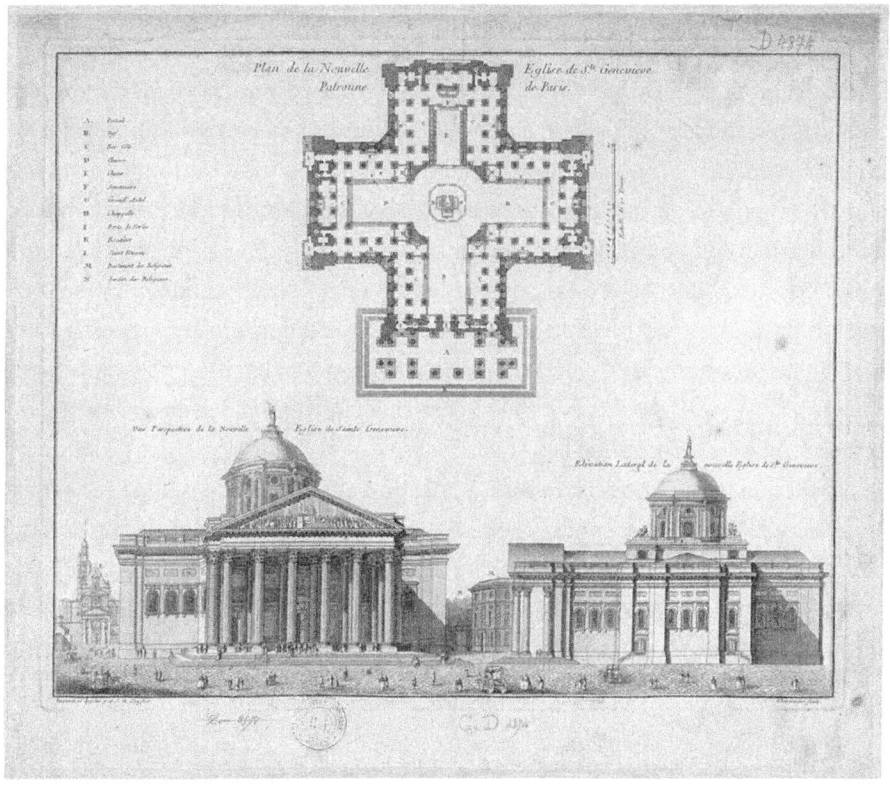

Figura 2. Soufflot, Jacques-Germain. «Sainte Genievève. Planta y alzados». París: Bibliothèque Nationale de France, 1764

## Vertientes del programa

Quizás el paso más importante con respecto a la construcción de la noción de flexibilidad antes de la arquitectura moderna sea el de Eugène Viollet-le-Duc, continuando con la línea francesa de Perrault, Blondel o Laugier. En *Entretiens sur l'architecture* de 1863, el autor busca, de modo similar a como lo hiciera Semper, principios que sirvan como base para poder dar pie a un estilo moderno. En la revisión que emprende sobre toda la historia de la arquitectura, combina el estudio de los griegos, los romanos, la Edad Media y el Renacimiento, y construye para cada período diversas hipótesis en torno a la función, que van abriendo su significado hasta proponer, en paralelo, conceptos que resultan incluso antagónicos.

El problema de la función ocupará un lugar de importancia dentro de este discurso. Para esto el autor toma como base la comparación entre la arquitectura griega y la romana[131]. Si la arquitectura griega tiende a lo esencial, a satisfacer lo necesario sin agregados, incluyendo una preocupación por la expresión más genuina[132] (nuevamente aparece la idea de «decoro», mutada en el concepto francés de «carácter»), la arquitectura romana no requiere de un reflejo honesto. A pesar de que Viollet-le-Duc niegue el origen de la arquitectura griega en la cabaña, resulta evidente que en su aproximación mantiene también una continuidad con la idealizada cabaña primitiva de Laugier, quien buscaba acercarse a la simplicidad de este primer modelo. En su apreciación de la arquitectura romana, Viollet-le-Duc disocia la función propia del edificio de su expresión exterior, lo cual pondría en discusión la importancia del «decoro» (decor) de Vitruvio, y le permitirá plantear el desarrollo extenso de la función que los romanos llevaron a cabo.

Igual que había anunciado Marie-Joseph Peyre, Viollet-le-Duc reconoce en los romanos el haber resuelto problemas funcionales complejos, que sus propios programas de necesidades les exigían, a través de un trabajo riguroso sobre la planta[133]. Será esta la que Viollet-le-Duc coloque como herramienta central de diseño de la función en la arquitectura romana incorporando

---

131. «En la arquitectura griega la forma visible, exterior, no es más que el resultado de su construcción. La mejor comparación que puede hacerse con la arquitectura griega es un hombre desprovisto de sus vestidos, de modo que todas las partes exteriores de su cuerpo no son más que una consecuencia de la estructura de sus órganos, de sus necesidades, del ensamblaje de sus huesos, de las funciones de sus músculos. El hombre es tanto más bello cuando todas las partes de su cuerpo están relacionadas con su función, de modo que nada en ellas es excesivo, pero basta con cumplirlas. Por el contrario, la arquitectura romana puede compararse con un hombre vestido. Por un lado está el hombre, por otro lado está el vestido. Dicho vestido puede ser bueno o malo, rico o pobre, puede estar bien o mal cortado, pero en cualquier caso no forma parte del cuerpo. [...] Al encargado de vestir su monumento solo le piden una cosa: que el vestido esté a la altura del mismo. Por lo demás, no les preocupa demasiado que la ornamentación tenga un sentido, que refleje con exactitud las formas esenciales de la estructura del edificio, que sea el envoltorio exacto y auténtico de sus formas, que sea el reflejo de sus necesidades. Los romanos están por encima, o al lado, si se prefiere, de los racionalistas griegos: no los entienden». Viollet-le-Duc, Eugène Emmanuel, *Conversaciones sobre arquitectura* (Madrid: Consejo General de la Arquitectura Técnica de España, 2007), Tomo I, pp. 77-78. (Ed. orig. 1863).

132. Esta sería la explicación que un arquitecto griego haría de su edificio, según Viollet-le-Duc: «Cuando se confiaba la construcción de un monumento a un arquitecto griego, éste se proponía ante todo cumplir exactamente el programa que se le había encargado. Deseaba que todo el mundo conociera el uso de su edificio, no solo a través de la disposición general, sino a través de les esculturas que lo ornamentaban. Lo situaba en el lugar observando la orientación más favorable para cada función. Jamás habría ornamentado un edificio destinado a albergar empleados como si fuese el palacio de un gran magistrado o una sala para asambleas». *Ibid.* Tomo I, p. 85.

133. «La atención de los arquitectos romanos se centraba sobre todo en la composición de las plantas, tal como debe ser un pueblo que debe y quiere imponer unos programas absolutos y ajustados a su estado social y político. En efecto, si echamos un vistazo a los edificios realmente romanos, como las termas, los palacios, las villas o los grandes establecimientos de utilidad pública, lo primero que nos sorprende son sus disposiciones planimétricas totalmente innovadoras. Dichos edificios contienen una aglomeración de salas de modo que cada una de ellas tiene las dimensiones adecuadas». *Ibid.* Tomo I, p. 107.

además el concepto de «programa» *(programme)*, que venía cobrando fuerza en Francia, especialmente desde principios del siglo XVIII[134]. El autor interpreta en la sociedad romana una serie de necesidades que, con la voluntad propia de un imperio llamado a crecer, se materializan en un programa innovador. Este origen netamente funcional será el que dispare la necesidad de resolver esquemas organizativos cada vez más complejos.

Hasta ese momento la idea de programa había contado con un escaso desarrollo teórico. Antoine Quatremère de Quincy se había referido a ella brevemente en su *Dictionnaire historique d'architecture* en la definición de «malestar» *(gêné)*, afirmando que «cuando el arquitecto concibe bien y en toda su extensión el programa que debe representar siente una singular facilidad en el orden y la combinación de todas las partes que tiene el arte para someterse a un motivo simple y general»[135]. Pero también, en otros pasajes del *Dictionnaire*, se refiere a un «programa moral» o a un «programa ornamental». A partir de la necesidad de los romanos de construir edificios más masivos y complejos crece la capacidad para resolver plantas ordenadas y efectivas, atendiendo a las necesidades y orientaciones, resaltando sobre todo la resolución simple de las mismas. Viollet-le-Duc le suma a esto el desinterés que los romanos muestran por vincular el adorno al contenido del edificio, como si estuvieran disociados, refiriéndose a estos últimos como un «revestimiento». Este cuenta con la capacidad de dotar de un carácter al edificio[136]. Su desarrollo, vinculado tanto al origen funcional como a la estructura, Viollet-le-Duc lo verá en la arquitectura

---

134. Para los términos específicos se ha revisado también la edición en francés, Viollet-le-Duc, Eugène-Emmanuel, Entretiens sur l'architecture (París: A. Morel et Cie Éditeurs, 1863). (Ed. orig. Viollet-le-duc se refiere al *programme* cuando reflexiona sobre la arquitectura, diciendo que «Ha de ser verdadera según el programa, y verdadera según los procedimientos de construcción. Que sea verdadera según el programa significa que cumpla exactamente, escrupulosamente, las condiciones impuestas por una necesidad. Que sea verdadera según los procedimientos de construcción significa que emplee los materiales conforme a sus cualidades y a sus propiedades. [...] Las cuestiones puramente artísticas, a saber, la simetría y la forma aparente, no son más que condiciones secundarias en presencia de estos principios dominantes». Viollet-le-Duc, Eugène-Emmanuel citado en Frampton, Kenneth, *Historia crítica de la arquitectura moderna* (Barcelona: Gustavo Gili, 2005), p. 64. (Ed. orig. 1980).

135. de Quincy, Antoine Quatremère, *Dictionnaire historique d'architecture: comprenant dans son plan les notions historiques, descriptives, archaeologiques, biographiques, théoriques, didactiques et pratiques de cet art*, vol. 1 (París: Librairie d'Adrien le Clere, 1832), p. 658. (Ed. orig. 1788). Traducido por el autor.

136. «La apariencia exterior de los monumentos romanos solo muestra el envoltorio de su contenido, sus plantas no son más que la expresión de sus necesidades, y los romanos jamás sacrifican estos principios a la satisfacción pueril de hacer eso que en nuestra época llamamos arquitectura. En primer lugar buscan la expresión más sencilla y exacta del programa, y luego buscan el modo de revestir las formas dictadas por las necesidades con una apariencia de poder y de riqueza». Viollet-le-Duc, *Conversaciones sobre arquitectura*, Tomo I, p. 127.

de la Edad Media[137]. Esta interpretación de un carácter maduro, sobre la que afirma que «es imposible separar la forma de la arquitectura del siglo XIII de su estructura»[138], llegará hasta el Renacimiento, donde el autor interpreta la decadencia de la arquitectura y su completa disociación con la función[139].

El autor observa en la arquitectura romana la aparición de un estadio de la función que no está vinculado en principio a ninguna necesidad particular, pero que sí consta de una necesidad que podría entenderse como genérica, dentro de un marco social: «Si el programa es indeterminado, si las necesidades que expresa dicho programa no están definidas con suficiente exactitud, como ocurre por ejemplo con la basílica, que es un monumento mixto –paseo, mercado, bolsa, tribunal, lugar de discusión, sala de pasos perdidos–, entonces los arquitectos hacen variantes de la planta, interpretan el programa de modos distintos»[140]. La basílica se plantea así como el ejemplo de un tipo de estrategia que permite variantes funcionales, que puede ser utilizado de diversas maneras, convirtiéndose en uno de los orígenes del concepto de la flexibilidad. La basílica puede interpretarse, siguiendo a Viollet-le-Duc, como la primera noción de indeterminación funcional en la arquitectura (aunque el autor no utilice la palabra *indéterminé*, sino *vague*), y será esta construcción sin acentos, solo diferenciada mediante las naves que otorgan cierto recogimiento o exposición según cada actividad, la que permita pensar en una arquitectura que no nace para satisfacer un programa particular. La aparición de un tipo arquitectónico que sea capaz de albergar diversas funciones garantiza también una permanencia, por su propia capacidad de flexibilidad. Es justamente esta vaguedad programática la que le permite consolidarse durante siglos como el templo cristiano por defecto. Como dijera Laugier, las columnas exentas, con su independencia, especialmente en la planta basilical, ofrecen la capacidad de generar recorridos en su perímetro, casi como si de fluidos se tratase. Viollet-le-Duc agrega: «puesto que las basílicas son monumentos que albergan distintos usos, y dichos usos pueden variar o tomar una importancia mayor o menor en función de la época y del lugar, los romanos desarrollan infinitas variantes

---

137. «Los arquitectos de la escuela laica de la Edad Media, a pesar de esta tendencia hacia la apariencia que he advertido en todas las épocas, sometieron la forma, en una palabra, la apariencia, a los procedimientos y materiales utilizados. Al salón de un castillo jamás le dieron la forma de una iglesia, a un hospital jamás le dieron el aspecto de un palacio, a un ayuntamiento jamás le dieron el aspecto exterior de una casa de campo. Cada cosa estaba en su lugar y tenía el carácter que le era propio». *Ibid.* Tomo I, p. 282.
138. *Ibid.* Tomo I, p. 283.
139. *Ibid.* Tomo I, p. 323.
140. *Ibid.* Tomo I, p. 128.

de sus plantas»[141]. La planta basilical es capaz de recibir diversas actividades sin atender a los matices funcionales de estas. Las actividades simplemente se practican, se acomodan a la espacialidad existente.

El tema de la composición tampoco está ausente en el discurso de Viollet-le-Duc, entendiendo por ella una estrategia con la que actuar ante situaciones proyectuales de mayor exigencia. Así, afirma: «cuando los programas eran sencillos y no quedaban asfixiados por la multiplicidad de detalles impuestos por unos hábitos diseminados hasta el infinito, era bastante lógico que el arquitecto actuara de forma sencilla»[142]. El programa requiere unas exigencias generales y abstractas, que pueden no estar en concordancia con los hábitos, lo que lo convertiría y en una herramienta en manos del arquitecto para poder dotar de un primer contenido a esta composición, vacía en su primer estado.

En sintonía con Ruskin, la admiración que el autor siente por la arquitectura gótica[143], le conduce a dotar de un sentido funcional a cada parte de un elemento arquitectónico. De este modo, por ejemplo, la columna no solo es el sostén, sino que podría plegarse, convirtiéndose en una ménsula, para sostener un voladizo, y al mismo tiempo servir de gárgola[144]. A diferencia de Ruskin, Viollet-le-Duc interpreta en el gótico una posibilidad de fluidez, movimiento y cambio que permitiría a las funciones expandirse, más que adecuarse a las necesidades.

La influencia de Viollet-le-Duc y su entendimiento de la flexibilidad mostrará su impacto en la Europa de fines de siglo[145]. En 1899 Hector Guimard recibe el encargo de diseñar los accesos a las estaciones de metro de París, las finas estructuras de acero y vidrio que caracterizan su obra suponen un acercamiento a esta «función del ornamento». Bajo esta idea, cada pieza se nutre de diferentes roles funcionales: una columna puede ser al mismo tiempo un tubo de desagüe pluvial, sostener la cartelería y rematar finalmente en una lámpara superior. Esta suerte de esfuerzo por las múltiples facetas funcionales de

---

141. *Ibid.* Tomo I, p. 153.

142. *Ibid.* Tomo I, p. 331.

143. «La construcción gótica, a pesar de sus defectos y errores, quizás por ellos, es de útil estudio, es la más segura iniciación a un arte moderno que todavía no existe pero esta peleando por nacer porque establece los principios verdaderos que deben ser válidos aún hoy, porque rompió con la tradición antigua y tiene aplicaciones fértiles». Rigotti, Ana María, «Viollet-le-Duc,» en *Cuaderno del Laboratorio de Historia Urbana* (Rosario: Ana María Rigotti, 2009), p. 19. (Ed. orig. 2009).

144. Incluso en la decoración ve una posibilidad funcional, cuando dice que «Aún la línea de follaje que trepa por el capitel, dándole cuerpo, concurren en dar seguridad al observador». *Ibid.* Tomo I, p. 330.

145. Ver Frampton, *Historia crítica de la arquitectura moderna*, p. 64.

los elementos se vería reflejado en una expresión naturalista que conformaría luego la estética propia del *Art Noveau*[146]. Guimard estaba tan preocupado por las cuestiones funcionales y técnicas como por las estilísticas, algo que sigue siendo notorio en su incursión en el diseño de mobiliario. En el diseño de los muebles para la casa Bèranger explora las variadas posibilidades de cada elemento en relación con el cuerpo humano y a la naturaleza.

También en la obra de Victor Horta se combina la adecuación del programa con una expresión característica heredada del uso intensivo de la estructura de acero y el vidrio, materiales propios del llamado «racionalismo estructural». Mediante la utilización de los mismos la particularidad funcional de cada edificio se ve igualada en su expresión y su estructura, con soluciones afines tanto para viviendas burguesas como la Casa Tassel de 1892, equipamientos sociales como la Maison du Peuple de 1900 (fig. 3) o edificios industriales como Á l'Innovation de 1901. La continuidad de una solución constructiva y espacial para distintos programas ilustra un primer acercamiento a un carácter flexible en pos de un estilo propio. Los interiores de Horta tienden más que nunca a una flexibilidad de uso, fruto de espacios etéreos sostenidos por mínimas columnas de hierro que apenas interrumpen la fluidez. En la Maison du Peuple Horta demuestra un genuino talento para organizar un programa variable en las diversas plantas superpuestas. La singularidad de la solución radica en la distribución del programa (salón de café, tiendas, sala de juegos, salas de reuniones, sala de espectáculos) en niveles con compartimentaciones notablemente diversas. Horta utiliza una estrategia estructural para organizar los programas en altura; así, la densidad y sección de los soportes se va aligerando a medida que el edificio se eleva, con la sala de espectáculos, el espacio más amplio del edificio, en el último nivel. Tres núcleos de escaleras distribuidos en una separación equidistante permiten una circulación vertical óptima. La sección del edificio también se hace eco de su programa: las alturas varían según la amplitud de los espacios, destacando la transparencia hacia la calle en la planta baja, que se desarrolla en una doble altura que simula dos niveles hacia el exterior, y el remate de la sala de espectáculos, con un sutil ingreso de luz natural a ambos lados del techo. Horta consigue evitar en todo momento que una columna invada un área destinada a una actividad, valiéndose para esto de una estructura de acero de sección mínima acoplada

---

146. Según Colquhoun, «fue el primer intento sistemático de reemplazar al sistema clásico de la arquitectura y las artes decorativas, que venía transmitiéndose desde el siglo XVII y que se había consagrado gracias a las enseñanzas de las academias *beaux arts*». Colquhoun, Alan, *La arquitectura moderna: una historia desapasionada* (Barcelona: Gustavo Gili, 2005), p. 13. (Ed. orig. 2002).

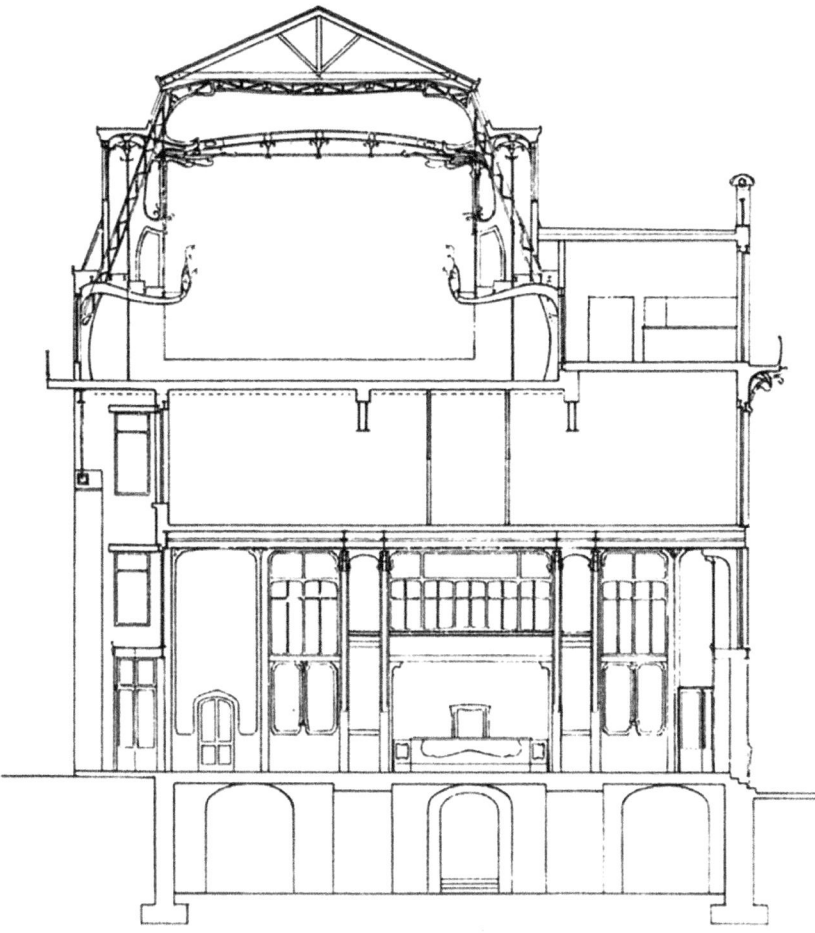

Figura 3. Horta, Victor. «Maison du Peuple. Sección». París: R.L. Delevoy, Pionniers du XXe Siècle: Guimard, Horta, van de Velde, Musee des Arts Decoratifs, 1971, 1900

a los muros de mampostería. Casi aplicando las lecciones de Viollet-le-Duc, saca partido expresivo y funcional de cada elemento constructivo: la estructura de acero se funde con las barandillas, las lámparas, los desagües pluviales o las carpinterías en una unidad orgánica, y es trasunto de esa inspiración que el autor francés encuentra en las estructuras arbóreas. Horta organiza un programa en el que las mayores y más densas compartimentaciones sirven de base para rematar en un espacio leve que se abre a la luz del cielo. Programa y estructura se funden en un todo indivisible. Según el autor: «Puesto que cada parte de un edificio o de una construcción debe responder a una motivación, somos sensibles, incluso a nuestro pesar, a cualquier forma que nos indique su finalidad, del mismo modo que somos sensibles ante la visión de un hermoso árbol en el que todas sus partes, desde la base anclada al suelo hasta las ramas más altas, que parecen ir en busca del aire y de la luz, indican con gran claridad las condiciones de vida y de durabilidad de estos enormes vegetales»[147].

## La planta tipo

La importancia de la estructura de acero tendrá un rol especial en el rascacielos de fines del siglo XIX, que resulta igual de importante para el problema de la función como el propio programa de oficinas, tan requerido en el crecimiento de las grandes urbes estadounidenses. La necesidad de este programa implica también el nacimiento del concepto de «planta libre,» fundamental para las ideas de función modernas, décadas antes de que Le Corbusier propusiera su esquema *Dom-Ino* o Mies ensayara su espacio diáfano. Más allá de la tecnología que envuelve el nacimiento de este tipo arquitectónico resulta fundamental su consideración como suelo libre, como porción de terreno susceptible de ser reproducido idénticamente, tantas veces como sea posible. Sobre todo, resulta fundamental la necesidad de que dicho suelo se mantenga neutral en términos funcionales, ya que cada empresa prefiere distribuir sus recintos según sus necesidades, requiriendo la aplicación de una flexibilidad de disposición. De esta presión entre empresarios, ingenieros y especuladores de la construcción deriva la indeterminación funcional en su sentido más pragmático.

Louis Sullivan es el autor del período que intentó con más énfasis incorporar al rascacielos dentro del marco de la arquitectura o, dicho de otro modo, buscar que el mismo portara un lenguaje arquitectónico. La batalla de Sullivan tiene que ver con lo que de arquitectónico puede ser extraído de este nuevo artefacto urbano. En un movimiento cercano al de Bötticher, interpreta que su solución estética depende de una forma que es resultado directo de una función natural. Al mismo tiempo propone una discusión disciplinar en la que ataca a los arquitectos que aún buscan la resolución de este nuevo tipo bajo el halo del sistema clásico de base, fuste y capitel, o bajo la analogía ingenua con la naturaleza o la proporción matemática. Sobre esta base Sullivan asume el origen tecnológico del rascacielos, lo que le lleva a desmembrarlo en paquetes funcionales: desde abajo hacia arriba se compondría de un sótano de

---

147. Viollet-le-Duc, *Conversaciones sobre arquitectura*, Tomo I, p. 330.

instalaciones, una planta baja comercial, un entrepiso, una seguidilla de plantas de oficinas exactamente iguales y, finalmente, un ático. Destaca la importancia histórica que el rascacielos tiene con respecto a la altura, interpretada por el autor como una condición distintiva:[148] «Todas las cosas en la naturaleza tienen una figura, es decir, una forma, una apariencia externa, que nos dice lo que son, que las distingue de nosotros mismos y de los demás. Indefectiblemente en la naturaleza, estas formas expresan la vida interior, la cualidad nativa, del animal, del árbol, del pájaro y del pez, que se presentan ante nosotros; son tan característicos, tan reconocibles, que simplemente entendemos que es natural, que son como son»[149]. En estas afirmaciones queda ilustrada tanto la herencia de Bötticher como el trasfondo de su conocida y descontextualizada frase, «la forma siempre sigue a la función».

Parte de la preocupación por el dilema entre la forma y la función tiene que ver con las lecturas que Sullivan hizo de la obra de Herbert Spencer. Se trata de un intenso debate intrínseco a la biología que encuentra referencias en las aportaciones alemanas del siglo XIX, como Goethe, que inventa el término «morfología»; von Humboldt, que afirma que «la Naturaleza había seleccionado las formas más adecuadas para el ambiente en que estaban situadas»[150]; como también en las británicas, ya que Darwin sostiene en su *Teoría de la Selección Natural* que las formas que no tienen una función no sobreviven[151]. Preocupado específicamente por la resolución formal del rascacielos, Sullivan entiende que, como en la naturaleza, al hallar la esencia del problema, la forma surgirá naturalmente. En el caso particular del rascacielos, encuentra esa esencia en lo que denomina «función». Esta se hace visible al analizar el programa mismo del rascacielos y traspasarlo a la fachada. En una de sus obras más reconocidas, el edificio para Carson, Pirie & Scott construido en 1899 (fig. 4), se verifica la presencia de cada una de estas cinco partes, diferenciadas mediante la utilización combinada de la ornamentación en las plantas inferiores y la austeridad en la repetición de plantas de oficinas.

---

148. «¿Cuál es la principal característica del alto edificio de oficinas? Responderemos: su altura. Esta altura es tanto para el artista como para la naturaleza su aspecto más emocionante». Sullivan, Louis H., «The tall office building artistically considered,» *Lippincott's Magazine* 57, 3, (1896): p. 13. Traducido por el autor.

149. *Ibid.* p.15.

150. Collins, Peter, *Los ideales de la Arquitectura Moderna: su evolución. 1750-1950* (1969), p. 156. (Ed. orig. 1965).

151. *Ibid.*

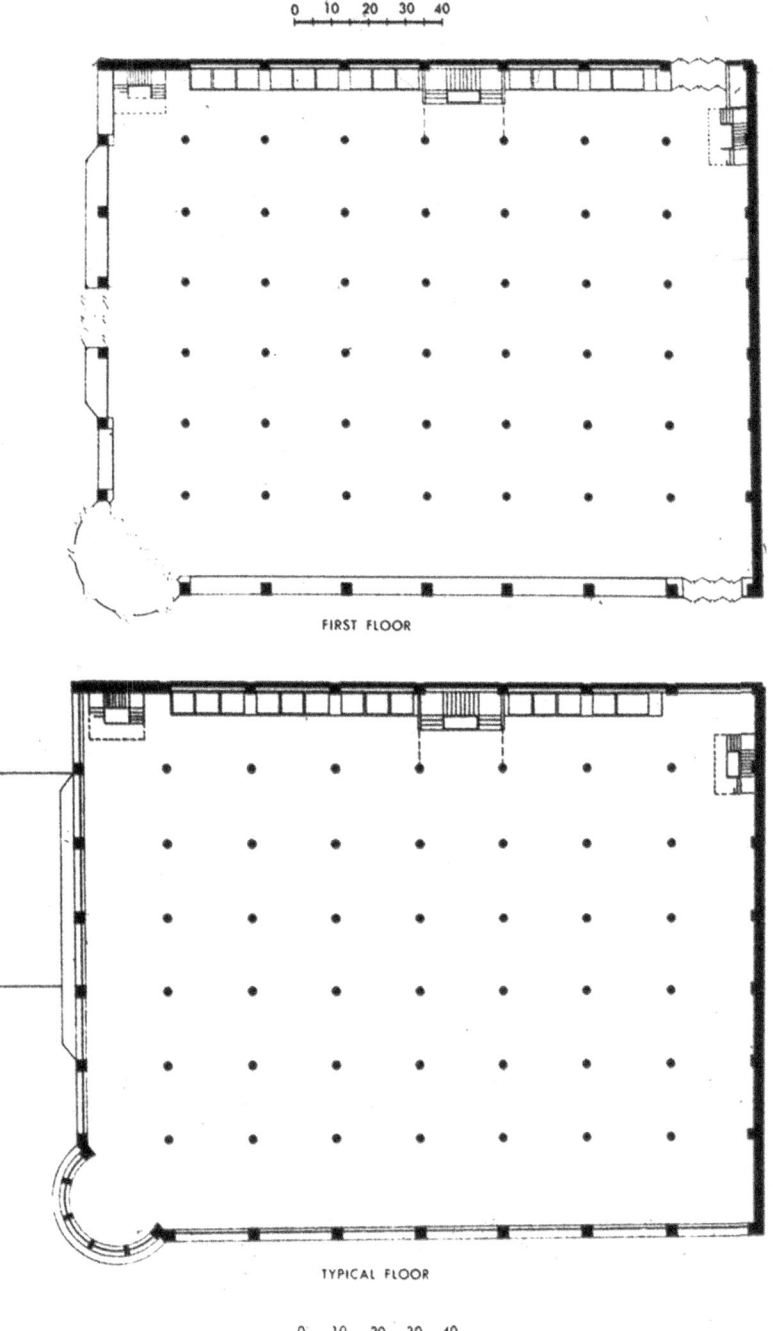

Figura 4. Sullivan, Louis. «Carson, Pirie, Scott Building. Planta Baja y Planta Tipo».
Khan Academy, 1899

Aunque el pensamiento de Sullivan resulta coherente con su propia obra, la posterior utilización por buena parte de la historiografía arquitectónica de su frase «la forma sigue a la función» aparece como sinónimo de una función determinista que encuentra sus raíces en Guadet, que relaciona a cada necesidad con una célula, con una expresión formal propia o, mejor dicho, que hace que cada elemento formal devenga de una necesidad particular. Sin embargo, la misma aparición de la torre de oficinas supone una innovación en cuanto a la consideración de las funciones dentro de los edificios: la posibilidad de una construcción que no requiere de una solución funcional interior, sino más bien de un espacio vacío, disponible para ser llenado, modificado y vuelto a llenar. La necesaria libertad de la planta que los edificios de oficina requieren lleva a construir un suelo liso, constante, solo interrumpido por los núcleos de servicio y de circulación vertical, y por el ritmo homogéneo de la retícula estructural. Este interior diáfano, al menos hasta la obra de Mies, ha contado con poca relevancia en el debate arquitectónico moderno. Por otro lado, esta misma condición de vacío lo convierte en una innovación hasta entonces inexistente en términos funcionales, que hará del programa de oficinas un modelo imbatible de neutralidad funcional. Volver a comentar la paradoja de la frase de Sullivan implica contrastar que el nacimiento de la misma se da bajo el programa más indeterminado que se hubiera construido hasta el momento. Así es que «la forma sigue a la función» se ha convertido en un símbolo de una resolución específica.

## Lo informe

Si el rascacielos norteamericano, y su indeterminación tienen como origen ciertas condiciones tecnológicas y de mercado, por el lado europeo la flexibilidad aparecerá antes como una reflexión teórica y artística que involucrará a varios actores, como el suprematismo soviético y el neoplasticismo holandés. Uno de los autores más relevantes es Theo van Doesburg, quien consigue una de las aproximaciones más claras a la conceptualización de la flexibilidad en la arquitectura: el texto «17 puntos para una arquitectura neoplasticista» se publica en 1924, en el mismo año que pinta *Construcción espacio-temporal* (fig. 5), obra en la que se visualiza con claridad lo que el mismo escrito estaba exponiendo acerca de un radical cambio de rol de la forma y el espacio, y cómo este podía afectar el propio modo de vivir. En el texto se afirma la separación de una arquitectura definida formalmente: «La nueva arquitectura es informe,

Figura 5. van Doesburg, Theo. «Counter-Construction». Londres: Van Doesburg
and the International Avant-Garde, 1923

pero al mismo tiempo bien determinada. No reconoce un esquema *a priori*, un molde en el que volcar los espacios funcionales. Al contrario de todos los estilos del pasado, el nuevo método arquitectónico no conoce tipos fundamentales e inmutables. La división y subdivisión de los espacios interiores y exteriores se determinan rígidamente por medio de planos que no tienen una forma individual. Estos planos pueden extenderse hasta el infinito, por todos los lados y sin interrupción. El resultado es un sistema en cadena en el que los diferentes puntos corresponden a una misma cantidad de puntos en el espacio general; porque existe una relación entre los diferentes planos y el espacio exterior»[152].

---

152. van Doesburg, Theo, «17 puntos para una arquitectura neoplasticista,» *De Stijl XII*, (1924).

El autor remite a la idea universal de De Stijl, un espacio infinito sugerido por planos relacionados, pero no necesariamente conectados que no encuentran un final. Este espacio etéreo, cercano al descrito por Siegfried Ebeling[153] y posteriormente materializado por Mies, encuentra su modo de transcripción en la planta. Van Doesburg afirma: «La nueva arquitectura ha destruido la pared en el sentido que suprime el dualismo entre interior y exterior. Las paredes ya no sostienen, se han convertido en puntos de apoyo. De ello resulta una nueva planta, una planta abierta; totalmente distinta de la del clasicismo, porque los espacios interiores y exteriores se comunican»[154]. Por medio de la subdivisión de los espacios queda definida la flexibilidad en la planta. A este respecto se posiciona claramente en la descripción que realiza sobre la noción de «subdivisión»: «La nueva arquitectura es abierta en lugar de cerrada. El conjunto consiste en un espacio general, que se subdivide en distintos espacios que se refieren al confort de la vivienda. Esta subdivisión se realiza a través de planos de separación (interior) y de planos de cerramiento (exterior). Los primeros, que separan los espacios funcionales, pueden ser muebles, es decir, pueden ser mamparas móviles (entre las que podemos incluir las puertas)»[155].

La eficacia de esta estrategia teórica y plástica se ve traducida en la reconocida obra que Gerrit Rietveld construyera también en 1924, la casa Schroeder. Se trata de un paradigma de la flexibilidad y de la mutación física del propio objeto en pos de contener diversas soluciones, paralelas, para las actividades domésticas. Desde su representación axonométrica, tan cercana a la pintura anteriormente mencionada, la obra de Rietveld pone por primera vez al mobiliario en el mismo nivel de jerarquía que la estructura del edificio. El mobiliario, ese sistema que desafía lo estático y que hace referencia directa a la necesidad, es considerado según su capacidad de movimiento para transformar el espacio. Así se encuentran paneles correderos, que permiten una modificación cabal, mutando de un espacio compartimentado a un espacio único, completamente abierto y flexible.

A pesar de que el neoplasticismo fue limitado en cuanto a la práctica de la arquitectura, la influencia que tendrá en la expansión del entendimiento

---

153. «Der Raum als Membran», el texto que Siegfried Ebeling publicó en la Bauhaus en 1926, tuvo una confirmada influencia en el pensamiento de la arquitectura moderna. El escrito es una oda a la desmaterialización de la arquitectura, a su desaparición. El aporte más importante que brinda Ebeling a la noción de lo flexible tiene que ver con la erradicación de una función determinada asignada a un objeto, como en general se ha asentado en la tradición, siendo esta última la que impide la proyección del individuo hacia un modo de vida particular.

154. *Ibid.*

155. *Ibid.*

de la flexibilidad, tanto a través de sus manifiestos como de sus pinturas, serán muy importantes. La búsqueda de una reducción de los elementos arquitectónicos a lo más esencial será la clave del hallazgo tanto de una espacialidad novedosa como de un nuevo desafío al momento de distribuir los edificios.

El diálogo entre la espacialidad neoplasticista y la obra de Wright en Norteamérica, más allá de que ambos partan de presupuestos diferenciados, conforman las bases para lo que será la aproximación más radical a un espacio abierto y neutral en la arquitectura moderna, el cual quedará definido por elementos horizontales constantes y homogéneos (suelos y techos) y elementos verticales en movimiento y tensión (muros y mamparas).

## Lo neutral

De modo similar a como ocurre con varios autores modernos, las aportaciones teóricas de Mies van der Rohe sobre la función solo pueden valorarse si son contrastadas con su propia obra arquitectónica. Pero en este caso, obra y escritos plantean un contrapunto fuerte: si ya en los primeros proyectos de Mies es posible adelantar una clara inclinación por un espacio flexible y neutral, es en sus textos donde se hace visible el verdadero trasfondo de estas propuestas arquitectónicas. Aquí es donde aparece la preocupación por los modos de vida de los usuarios, sus posibilidades individuales y la forma en que la arquitectura potencialmente los afecta. La noción de flexibilidad encuentra en el autor alemán una cercanía inevitable con los movimientos de vanguardia rusos y neerlandeses, con quienes mantuvo una fuerte relación. La propuesta de Mies parte de un planteamiento de raíz existencialista al preguntarse sobre el lugar y el sentido del ser en la sociedad moderna. Esta reflexión lo lleva a recuperar la esencia primitiva de la cabaña, tanto por su expresión constructiva como por su escasa definición funcional. En esta búsqueda Mies define la flexibilidad moderna al fundir la función, el espacio, la estructura y la materia en un todo indivisible y característico. Si Sullivan había expuesto las condicionantes económicas, técnicas y sociales para el edificio de oficinas, Mies avanzaría en la materialidad (hormigón, acero y vidrio), espacialidad (grandes espacios diáfanos y abiertos) y, sobre todo, función (interior sin subdivisiones)[156] del programa de oficinas. Tanto la estructura como la materialidad

---

156. Ver Mies van der Rohe, «Edificio de oficinas,» en *Mies van der Rohe: la palabra sin artificio: reflexiones sobre arquitectura, 1922-1968*, ed. Neumeyer, Fritz (Madrid: El Croquis, 1995). (Ed. orig. 1923).

conforman el corazón de su arquitectura, y hacen referencia a un espacio simple y diáfano, que sienta las bases para el desarrollo de un espacio continuo, flexible y neutral[157].

Mies espera que las condiciones técnicas, culturales y sociales propicien unos nuevos «modos de vida» (Lebenwiesen) y que, naturalmente, estos se traspasen a las maneras de habitar y de producir arquitectura. En sus primeros textos es notoria la oposición a lo que llama «las viejas formas de vida», que corresponden a lo artificioso de la vida burguesa, propia de la Europa de fines del siglo XIX. Para Mies los cambios propiciados por un mundo en el que la industrialización se acelera harán estallar naturalmente diferentes «modos de vida». En la interpretación de Mies estos significan una vuelta a lo primitivo, tanto a la cabaña como refugio básico como a un habitar despojado de excesos. Mies enumera una serie de referencias base, cuyas primeras seis son una vivienda típica nómada, una cabaña de hojas de un indio, una casa de esquimales, una cabaña en la nieve y una cabaña de verano de un esquimal, es decir, una serie de refugios primitivos[158]. En estas referencias puede encontrarse la base conceptual de la función miesiana: la tecnología, entendida de un modo simplificado en la arquitectura a través de la aplicación de hormigón, acero y vidrio, permitiría «modos de vida» despojados de todo elemento agregado, es decir, la tecnología aplicada exclusivamente a un esqueleto y envolvente mínimos y esenciales permitiría que su negativo, el espacio, se liberara en un continuo vacío. Tan esencial resulta la estructura como la vida misma, y tan agregados resultan los ornamentos como la separación de la vida en ambientes estancos diseñados para cada actividad. La flexibilidad en Mies no aparece así por la búsqueda de una optimización funcional, sino por un motivo más general y profundo, vinculado a un espacio neutral para el ser, que al mismo tiempo no responda a características particulares, sino que base su calidad en la esencia y en lo básico del ser humano[159].

---

157. «La arquitectura moderna hace ya tiempo que ha dejado de limitarse a jugar en nuestra vida un papel decorativo. Los arquitectos creativos no quieren tener nada que ver con las tradiciones estéticas de siglos anteriores. (...) Su actividad ha de servir a la vida. El maestro de los arquitectos solo puede ser la vida». Ibid. p. 364.

158. «Tareas resueltas. Una exigencia a nuestra manera de construcción,» en Mies van der Rohe: la palabra sin artificio: reflexiones sobre arquitectura, 1922-1968, p. 369. (Ed. orig. 1923).

159. «Solo la intensidad vital puede tener intensidad formal. Todo cómo ha de apoyarse en un qué. Lo no formalizado no es peor que el exceso de forma. Lo primero no es nada y lo segundo es apariencia. La verdadera forma presupone una vida verdadera. Pero ninguna vida pasada, ni tampoco ninguna vida imaginada». «Sobre la forma en arquitectura,» en Mies van der Rohe: la palabra sin artificio: reflexiones sobre arquitectura, 1922-1968, p. 393. (Ed. orig. 1927).

Mies apela a un habitar que, como él mismo expresa, permita el desarrollo del espíritu, que logre conectar con el habitante sin dejar de ser universal. En su traslación al espacio y a la misma función pareciera entender que esta idea etérea requiere de un enfrentamiento con el vacío, con la nada, que conduzca a una autorrealización. Un espacio que por su misma ingravidez evite la reminiscencia a cualquier actividad reconocida, a casi cualquier rastro de cultura, y se mantenga suspendido en una nada, que debe ser poco a poco invadida por las cualidades propias del habitante. En resumen, se trata de liberar al espacio de cualquier connotación y referencia para que el mismo pueda ser llenado con la propia voluntad. La concepción de Mies trasciende la flexibilidad para avanzar hacia una neutralidad funcional. En su texto de 1927 sobre su propio proyecto para un bloque de viviendas adelanta las estrategias que utilizaría en la mayor parte de sus obras maduras cuando afirma: «En la actualidad, los motivos económicos exigen racionalizar y normalizar la construcción de viviendas de alquiler. Pero, por otra parte, esta creciente diferenciación de nuestros requisitos de habitabilidad exige mayor libertad en el tipo de uso. En el futuro será necesario hacer justicia a ambos aspectos. La construcción de un esqueleto es el sistema estructural más apropiado para ello. Permite una ejecución racional y deja completa libertad para dividir el espacio interior. Si nos limitamos a configurar solo el baño y la cocina como espacios constantes, debido a sus instalaciones, y optamos por dividir el resto de la superficie habitable con paredes móviles, creo que se puede satisfacer cualquier requisito de habitabilidad»[160]. En sintonía con la distribución simple de los rascacielos de los últimos años del siglo XIX, la conocida estrategia de un núcleo de servicios que libera el resto del espacio le permitiría desarrollar desde viviendas a museos apelando a la misma estrategia y apuntalando aún más la flexibilidad hasta alcanzar la completa neutralidad.

La arquitectura medieval es también otra constante en los escritos de Mies, ya que entiende que en el medievo se propone un nuevo orden sobre el de la arquitectura de la Antigüedad. En la Edad Media también se transforman los «modos de vida» y se genera, a partir de este mismo cambio, un sistema arquitectónico acorde. Esta observación le da pie a comparar aquella situación con la del individuo de comienzos del siglo XX, cuando señala: «Si en la Edad Media el hombre estaba ligado interior y exteriormente a la sociedad, ahora aparece una fuerte emancipación del individuo, que divisa su derecho en la

---

160. Mies van der Rohe, «Sobre mi bloque de viviendas,» en *Mies van der Rohe: la palabra sin artificio: reflexiones sobre arquitectura, 1922-1968*, p. 396. (Ed. orig. 1927).

configuración de sus propios proyectos y en el desarrollo de sus fuerzas»[161]. Mies explica que la ciencia moderna se encuentra al servicio de la técnica y no de la vida; en el mundo de la técnica poco a poco todo va pareciendo posible, y todo se subordina a la propia técnica. La creencia ciega del autor en la técnica constructiva tendría que ver con la esperanza de que esta última creciera en favor de mejorar las condiciones de vida de las personas, evitando un regocijo ensimismado. Es en este período cuando Mies centra su atención en la construcción pura, entendiendo que la misma, por sí sola, puede llevar a un resultado formal satisfactorio y sin tener que ser este último buscado. Al mismo tiempo una construcción pura otorga también una deseada permanencia de su arquitectura en el tiempo[162]. El valor de una buena construcción que permita perdurar en el tiempo ofrece la posibilidad, visualizada ya por Ruskin, de que un objeto pueda asumir las cambiantes necesidades funcionales de la sociedad. Mies expresa su voluntad de alejarse de cualquier problema formal para centrarse esencialmente en la construcción: «La verdadera plenitud de la forma está condicionada, está entremezclada con la propia tarea, si es la expresión elemental de su solución»[163].

Una parte esencial de lo que define el vacío impersonal de la función en la arquitectura de Mies guarda relación con su constante referencia a la construcción anónima medieval, donde no existía el arquitecto autor, «creaciones de una época entera y no de una persona determinada. [...] Estas construcciones son en su esencia completamente impersonales»[164]. No obstante, a la vez que asume la neutralidad de la construcción medieval, en su primer período en Alemania, Mies apoya su concepción espacial en referencias modernas, siendo la de Wright una de las más importantes. Cuando en los bocetos para una conferencia no impartida en 1926 habla de su proyecto para la Casa de Ladrillo, de 1923 (fig. 6), anota: «en la planta de esta casa he abandonado el sistema usual de delimitar los espacios interiores, para conseguir una secuencia de efectos espaciales en vez de una serie de espacios singulares. Aquí la pared pierde su carácter de cerramiento y sirve solo para estructurar el organismo

---

161. Mies van der Rohe, Ludwig, «Los requisitos de la creatividad arquitectónica,» en *Mies Van Der Rohe: La Palabra Sin Artificio: Reflexiones Sobre Arquitectura, 1922-1968*, p. 455. (Ed. orig. 1928).

162. Ver Damián Plouganou, «La nave del tiempo. El edificio de oficinas y la indeterminación funcional,» (2019).

163. Mies van der Rohe, «Construir,» en *Mies van der Rohe: la palabra sin artificio: reflexiones sobre arquitectura, 1922-1968*, p. 366. (Ed. orig. 1928).

164. Mies van der Rohe, «¡Arquitectura y voluntad de época!,» en *Mies van der Rohe: la palabra sin artificio: reflexiones sobre arquitectura, 1922-1968*, p. 371. (Ed. orig. 1924).

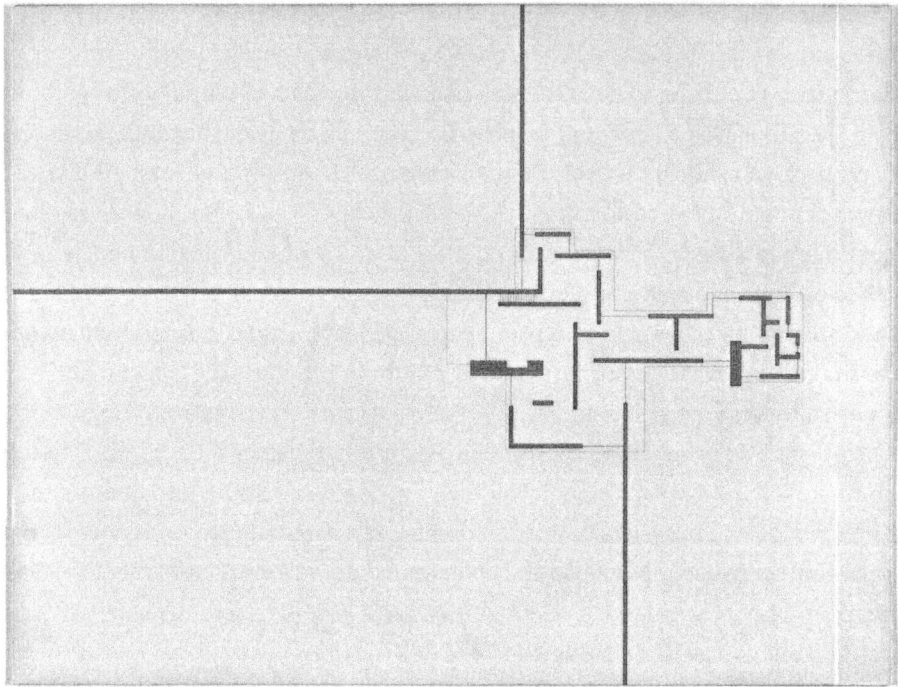

Figura 6. Mies van der Rohe. «Casa de Ladrillos. Planta». Nueva York: MoMA, 1923

de la vivienda»[165]. Así, la construcción pierde su carácter esencial en favor de una espacio continuo y flexible; como se ha mencionado en muchas ocasiones, la referencia al espacio wrightiano resulta evidente.

Con el proyecto de 1928 para los almacenes Adams en Berlín, Mies reflexiona tempranamente sobre la flexibilidad al mismo tiempo que hereda la concepción de «comodidad» de Laugier, liberando por completo al muro de su función estructural, guiado por la condición propia del programa, en donde asume que la variabilidad que el mismo cliente exige es conseguida traspasando la estructura vertical al perímetro del edificio, liberando también el interior, que solo se ve atravesado por tres núcleos de escaleras[166]. Aunque el mismo Mies entienda que el edificio atiende únicamente a su cometido[167], la frágil piel de vidrio translúcido propuesta resulta en una homogeneidad que

165. Mies van der Rohe, «Conferencia,» en *Mies van der Rohe: la palabra sin artificio: reflexiones sobre arquitectura, 1922-1968*, p. 380. (Ed. orig. 1924).

166. Ver Mies van der Rohe, Ludwig, «Grandes almacenes Adam,» *ibid.*, p. 461. (Ed. orig. 1928).

167. Mies, dirigiéndose al propio cliente dice: «Si se me permite expresar con toda franqueza mis convicciones, creo que un edificio no tiene nada que ver con orientaciones estéticas, sino que únicamente ha de ser el resultado de todas las exigencias que se desprenden de sus fines de utilización». *Ibid.*

responde con coherencia formal a la neutralidad funcional del mismo. Más allá de que pueda entenderse que la condición de carácter quede eliminada en su obra[168], se identifica en Mies un afán por expresar la neutralidad, o más bien el carácter de lo neutral. Es decir, al mismo tiempo que se busca un espacio que no remita a una función específica, explora una forma que no remita a un significado, o al menos que el significado remita, justamente, a la neutralidad. En las mismas palabras del autor: «la arquitectura, en sus formas más sencillas, tiene su origen en la utilidad, pero, a través de toda la escala de valores, se extiende hasta el campo de la existencia espiritual, el campo de los significados, y la esfera del arte puro»[169]. En una tardía conversación con Christian Norberg-Schulz en Chicago Mies también resume: «Pretendo que mis edificios sean marcos neutros donde los hombres y las obras de arte puedan llevar su propia vida [...], deberíamos esforzarnos por conseguir establecer una mayor armonía entre naturaleza, vivienda y hombre»[170]. Este «marco neutro» supone la negación rotunda del principio clásico de la función propuesto por Alberti, según el cual, para alcanzar la «comodidad», resultaría necesaria la estricta separación de usos en los edificios.

## Usuario y lugar

Lo que diferencia a las experiencias renovadoras de los años cincuenta de la de los años veinte del siglo XX es que las primeras intercambian el anhelo vanguardista de transformación a gran escala de las segundas por un nuevo realismo antropológico. Se trata, al fin y al cabo, de repensar al usuario abstracto del Plan Voisin asignándole una identidad, intentando indagar en las complejidades de la vida diaria y del valor de lo cotidiano. El desafío que se propondrá el Team X puede leerse como una última posibilidad de recuperar los valores humanistas de la arquitectura moderna y de demostrar que determinadas estrategias de proyecto pueden mejorar la vida no solo de los usuarios puntuales, sino de la sociedad en general. Aldo Van Eyck desarrolla desde temprano una sensibilidad sobre el modo en que las

---

168. Ver Liernur, Jorge Francisco, «Menos es mísero. Notas sobre la recepción de la arquitectura de Mies van der Rohe en América Latina,» *Revista de arquitectura*, (2003): p. 32.

169. Mies van der Rohe, «Discurso de ingreso como director del Departamento de Arquitectura del Armour Institute of Technology,» en *ibid*. p. 479. (Ed. orig. 1938).

170. Norberg-Schulz, Christian, «Una conversación con Mies van der Rohe,» en *ibid*., p. 514. (Ed. orig. 1958).

ciudades, a pequeña y gran escala, son habitadas, y sobre el modo efectivo de su funcionamiento. Evitando estrategias funcionales generales, de gran escala, prefiere adentrarse en los detalles de los modos de apropiación, tanto del espacio colectivo como del individual. Esto lo conectará con los intereses del Team X, y le llevará a producir una serie de hipótesis sobre la función, tanto en el plano teórico como práctico, que marcarán una separación notable con la primera generación de arquitectos modernos. Las aportaciones de Van Eyck a la función se relacionan con el cambio de punto de vista desde el planificador al usuario, lo que le permite expandir las necesidades funcionales más racionales a otras ligadas a la imaginación y a lo lúdico. Gran parte de su pensamiento se ve reflejado en sus obras donde busca replicar lo fortuito de la ciudad en los propios edificios.

Una de las primeras acciones importantes de Van Eyck tiene lugar en el sexto CIAM de 1947, en el que hace una llamada a la «imaginación» como herramienta para el descubrimiento de un espíritu nuevo. Según el autor, la arquitectura moderna, en su preocupación por solucionar las necesidades materiales, estaba dejando de lado a la propia existencia, que él considera una «necesidad primaria». Por lo mismo estima que la «imaginación» es el único remedio sobre una razón que ha impregnado la mayor parte de los campos del conocimiento, incluida la arquitectura, y se ha interpuesto entre la naturaleza y el hombre de un modo destructivo[171]. Identifica entonces las «funciones tangibles» que, como un *necessitas*, están orientadas de forma racional a satisfacer las necesidades puntuales: «Las funciones más tangibles son relevantes solo en la medida en que se ajustan a un entorno con mayor precisión en relación a las tendencias elementales de la humanidad. Lo cual no es más que un requisito previo para el cumplimiento del propósito superior»[172]. Van Eyck se presenta desde el inicio como uno de los arquitectos jóvenes más críticos con el CIAM; reclama a los participantes más importantes, entre quienes se encontraban Le Corbusier, Sert, Giedion o Gropius, abandonar la concepción «racionalista y mecanicista» por una nueva, que se concentre en aquilatar el entorno humano en su modo más esencial. En algún punto existe una cercanía entre este reclamo y el de la «humanización» que a su vez planteaba Aalto, quien también participó en dicho congreso. El énfasis en la «imaginación» iba en contra de las concepciones de eficiencia y adecuación funcional y en favor

---

171. van Eyck, Aldo, «We discover style,» en *Aldo van Eyck: collected articles and other writings. 1947-1998*, ed. Ligtelijn, Vincent; Strauven, Francis (Delft: SUN Publishers, 2008), p. 43. (Ed. orig. 1949).
172. «Intervention at CIAM 6, Bridgwater 1947,» en *ibid*, p. 40. (Ed. orig. 1947).

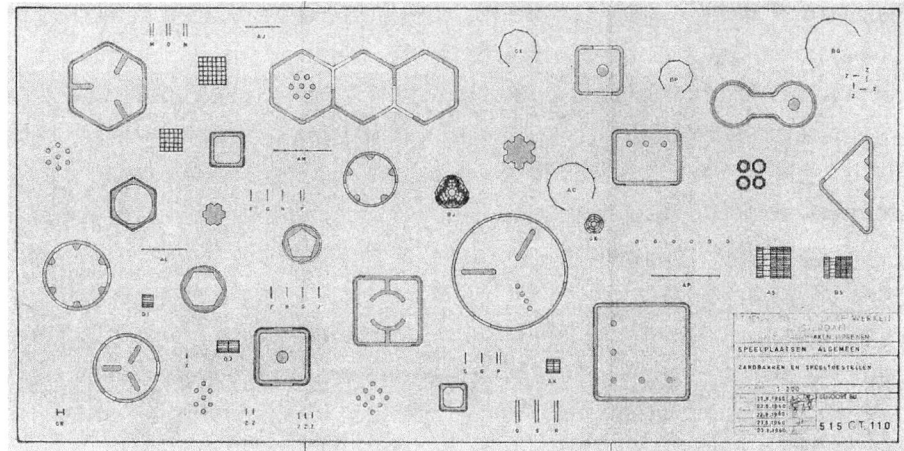

Figura 7. van Eyck, Aldo. «Playground. Elementos». Delft: Collected articles and other writings. 1947-1998, 1960

de una flexibilidad que no se conformara con lo neutral, sino que pudiera resaltar la identidad del usuario. Es este un acercamiento, no solo a nivel de escala, sino también a nivel de compromiso, con respecto a la identificación y solución de los problemas del habitar.

Si algún hecho le permite a van Eyck avanzar en esta dirección es el singular encargo de largo término por parte del municipio de Ámsterdam para diseñar más de setecientas plazas para niños (*playgrounds*) (fig. 7)[173]. Estos proyectos significaron un importante trampolín para la concepción de la función por parte del autor y para dar a entender cómo esta «imaginación» podía expresarse de un modo productivo. Igual que el sanatorio de Paimio supuso un hito en la trayectoria de Aalto, las plazas para niños llevaron a van Eyck a una obligada reinterpretación del modo en que se concibe una actividad humana en el marco urbano. El autor llama a considerar la arquitectura desde el punto de vista del niño y aspira a integrar esta mirada al resto de la sociedad. Escribe: «tengo poca fe en las soluciones que, aunque inicialmente bien intencionadas, intentan adaptar la ciudad a los niños aislándolos parcialmente en típicos patios cerrados, retirados de la escena urbana»[174]. El arquitecto confía en que la energía de los niños, canalizada hacia la arquitectura, puede recuperar la identidad de los lugares, ya que los propios niños son capaces de encontrar interés en los rincones menos esperados, en lo

---

173. Ver «Introduction to chapter 4,» en *ibid*. p. 100.
174. van Eyck, Aldo, «Child and city» en *ibid*. p. 104 (Ed. orig. 1950).

pasajero, a través de la emoción. Esa capacidad de utilización de lo que, en principio, no tiene un fin es lo que diferencia al niño del adulto en cuanto a la «imaginación», y permite entender los espacios de un modo lúdico y abierto. Van Eyck transfiere esta visión a los elementos que conforman sus zonas de juegos, utilizando diferentes geometrías que, sin implicar un modo de uso definido, sugieren diferentes modos de apropiación. Al mismo tiempo esto requiere de un movimiento por parte del arquitecto para acercarse a esa mirada no considerada: «lo especial de estas plazas para niños es que no pertenecen exclusivamente a los niños. [...] Muchos arquitectos y planificadores intentan poner todo en orden. Las funciones entran en conflicto entre sí y esto puede significar, por poner un ejemplo, que los niños no pueden dar saltos mortales. [...] Las plazas tienen que ser atractivas como lugar de reunión, para todos, incluidos los adultos, para justificar su existencia. También tienen que ser aceptables para la ciudad, incluso sin contar con el movimiento de los niños»[175]. Van Eyck ofrece así una nueva visión sobre la flexibilidad, al sugerir que uno de los problemas tanto de la planificación moderna como de la propia flexibilidad, es la constante persecución de un espacio extenso e ilimitado. Esa extensión, entendida como flexibilidad estéril, conlleva una sensación de vacío urbano donde se hace más difícil la interacción. Van Eyck puja por espacios que, aunque sean abiertos, puedan aún ser delimitados, y para esto confía en la reducción de la escala y en la definición de su carácter. Se trata de la construcción de espacios flexibles, que logren albergar un sentido que el usuario pueda interpretar como propio.

La coronación de este concepto llega con los diseños para el Orfanato Municipal de Ámsterdam y la Escuela Infantil de Nagele, ambos de 1955, los que llevarían al autor a indagar nuevamente en la percepción infantil, intentando establecer lazos de «identidad», esta vez con las complejidades de un edificio. Van Eyck concibe estos proyectos como manifiestos de varias de las ideas que habían sido planteadas tanto por él, en su experiencia con las plazas para niños, como por otros de los integrantes del Team X; ambos edificios se plantean como una mixtura entre casa y ciudad, exterior e interior, parte y todo. En los dos casos el programa se desmantela a partir de aulas tratadas como células que se presentan en sí mismas como unidades, o casas. Por su posición y apertura estas células permiten una contención a la vez que una fuga visual al espacio colectivo, induciendo un lugar de reunión sin ser completamente

---

175. van Eyck, Aldo, «On the design of play equipment and the arrangement of playgrounds,» en *ibid.* p. 112. (Ed. orig. 1962).

cerradas. Por medio de la repetición de estas unidades (en ambos proyectos enfatizada por su disposición escalonada) la totalidad de ambos edificios consigue concretar un espacio de mayor escala, y todo el conjunto aparece como un pequeño poblado, en el que la relación entre la unidad y el espacio que la conjuga es vital. En ambos proyectos Van Eyck apela a un lenguaje sin herencias de la primera arquitectura moderna, que también se extiende a la solución funcional de los edificios, influenciado por su enorme interés en las culturas precolombinas y africanas, como las ruinas de Tyuonyi, Pueblo Bonito, Pueblo Arroyo u Ogol, en las que la sumatoria de partes individuales en un semicírculo consiguen amarrar un refugio de rasgos comunitarios. Tanto en el Orfanato como en la Escuela de Nagele, una «calle interior» permite la unificación de esta conjunción de escalas domésticas e institucionales, fortaleciendo un espacio ambiguo para el encuentro que articula no solo las diferentes células, sino el interior con el exterior. Como el mismo autor reclama, «ha llegado el momento de concebir la arquitectura urbanísticamente y el urbanismo arquitectónicamente»[176]. También en estas ruinas encontraría inspiración para el lenguaje arquitectónico puntual de sus dos proyectos: las formas que impulsan a la apropiación o a la construcción de un lugar, como los círculos, están constantemente presentes.

La planta del Orfanato y de la Escuela de Nagele se apropian a su vez de ciertas soluciones que el arquitecto había utilizado ya en sus plazas para niños para incitar al juego, como cambios de suelo que sugieren distintos lugares y tipos de uso, o amplias zonas techadas en la que los pilares, además de resolver la estructura, expresan un espíritu lúdico. Van Eyck hace referencia a una flexibilidad contrastada que supera la neutralidad, diferenciando el patrón (pattern) estructural, propio de la arquitectura, de aquel de la vida misma: «dado que el patrón de la casa deriva, abarca y, por lo tanto, también sostiene el patrón de la vida cotidiana dado por sus ocupantes, se entiende que la flexibilidad o adaptabilidad [...] es tal que no es posible cubrir y soportar adecuadamente un modo de vida o una estructura de grupo que se separe del modelo de organización de la casa. Una flexibilidad extrema de estas características habría llevado a una falsa neutralidad»[177].

El entendimiento de esta complejidad inherente a la vida contrasta con la flexibilidad abierta y neutral. Esta apuesta implicaría un importante paso

---

176. van Eyck, Aldo, «The medicine of reciprocity tentatively illustrated,» en ibid. p. 317. (Ed. orig. 1961).
177. Ibid. p. 312.

sobre la flexibilidad de Mies en la que cada situación se resolvía de la manera más abierta posible, más allá de las características del ocupante. Si Mies perseguía la libertad funcional, para Van Eyck la clave reside en encontrar una diversidad en la repetición con la que los patrones consiguen cierta complejidad dentro de su principio básico. Ello implica caracterizar la condición flexible de un espacio. El autor aboga por lo imaginativo, que asimismo connota su compromiso con lo identitario: «la tendencia de desear una gran neutralidad en aras de una mutabilidad extrema es tan peligrosa como la rigidez urbana prevaleciente de la que surge esta tendencia como reacción. Las estructuras arquitectónicas deberían contar con una amplitud suficiente y un significado múltiple sin tener que someterse continuamente a alteraciones. Hay que cuidarse del guante que se adapta a todas las manos y, por lo mismo, no encaja en ninguna mano. Hay que cuidarse de la falsa neutralidad»[178].

Como sus dos proyectos demuestran, la identidad en Van Eyck no es solo cultural: cada elemento arquitectónico adquiere sentido propio, trasciende su naturaleza básica y posibilita diferentes modos de acercamiento. Así, cada uno, aún sin función, alcanza cierto grado de emoción que permite una vinculación con el usuario. Van Eyck refiere en varias ocasiones una noción de «hábitat» a la que el arquitecto y urbanista debe responder atendiendo en primera instancia a las necesidades colectivas y humanas antes que a las puramente arquitectónicas. Preocupado por encontrar lo permanente y esencial en el hombre, desecha las problemáticas que no atiendan a estas necesidades. Esta apuesta supone una renovación importante que representa cierto interés en lo que la arquitectura es capaz de generar en cuanto a interacciones internas fuera de su marco morfológico. De este modo, «el hábitat humano debería reflejar y estimular el contacto primario entre el hombre y el hombre, entre el hombre y el objeto»[179]. Para el autor, se trata de otorgar importancia a un espacio de socialización, tanto interior como exterior[180].

En su participación en el CIAM X como parte del Team X, el autor se centra en la discusión sobre los cuatro puntos básicos de la Carta de Atenas, llamando la atención sobre qué ocurre con las funciones que no pertenecen a alguno de

---

178. van Eyck, Aldo, «Steps towards a configurative discipline,» en *ibid.* p. 341. (Ed. orig. 1962).
179. van Eyck, Aldo, «Orientation,» en *ibid.* p. 191. (Ed. orig. 1954).
180. «No inhalamos exclusivamente, ni exhalamos exclusivamente. Por eso sería tan gratificante si la relación entre el espacio exterior y el espacio interior, entre el espacio individual y el común, dentro y fuera, entre lo abierto y lo cerrado (hacia dentro y hacia fuera), se convirtiera en el espejo construido de la naturaleza humana, para que el hombre pueda reconocerse en su reflejo». Van Eyck, Aldo, «On inside and outside space,» en *ibid.* p. 126. (Ed. orig. 1956).

estos cuatro ámbitos:[181] «¿Por qué el urbanismo concebido según la Carta de Atenas tiende a producir hábitats en los que las asociaciones humanas vitales están expresadas de modo inadecuado?»[182]. La propuesta del Team X incorpora un «diagrama de asociación» en triángulo descendente que busca incluir los diferentes modos de habitar urbanos; en él la cumbre es ocupada por la ciudad, luego el poblado, la comuna hasta llegar al edificio aislado. Este nuevo árbol de jerarquías permite una mayor complejidad sobre los modos de abordar grupos grandes, medianos o pequeños de acumulación, como en una red. «Este método de trabajo introducirá un estudio de las asociaciones humanas como principio primero de las cuatro funciones, como aspectos básicos de cada problema en su totalidad»[183]. Esta «asociación humana» *(human association)* es la que Van Eyck considera que no ha sido introducida, y que permitiría grados de aproximación específicos al problema de la función, buscando las áreas grises que se presentan entre las cuatro funciones básicas de la Carta de Atenas.

En paralelo, Van Eyck insiste constantemente en sustituir los puntos iniciales de la arquitectura moderna, como los utilizados por el CIAM o por Le Corbusier, por una serie de polaridades: «individual-colectivo; físico-espiritual; interno-externo; parte-todo; permanencia-cambio»[184]. En esta búsqueda de una esencia del hábitat, van Eyck se muestra interesado por las diversas actividades cotidianas dependiendo del marco cultural de cada persona o grupo social[185]. Aunque al mismo tiempo el autor se esfuerza por estudiar y relacionar los modos en que las diferentes culturas realizan sus actividades, de manera similar a como lo intentara Häring, buscando comprender los mecanismos internos del hábitat humano. Desde el punto de vista de la función ello implica un claro movimiento desde el interés del objeto (el que, por ejemplo, demostraba Wright cuando refería a las construcciones de las diferentes culturas) al interés antropológico. Van Eyck, al mismo tiempo que considera los marcos

---

181. «Se vuelve evidente que lo que realmente se destina para impulsar vitalidad decae en la celda de las cuatro funciones; mentiras, de hecho, más allá del alcance estrecho del pensamiento analítico. Al relacionar imaginativamente las cuatro funciones entre sí, debería ser posible transmitir lo que hasta ahora ha eludido la "expresión consciente"». «Orientation,» p. 189.

182. *Ibid.* p. 190.

183. *Ibid.* p. 191.

184. *Ibid.*

185. «Lo que he estado haciendo durante años [...] es simplificar [...] la forma en que las personas han vivido y se han comportado en todas las edades y en todo momento, [...] es una cuestión de descubrir, no cómo se hace una cocina en Japón o cómo se hace una cocina en África, sino cómo come un hombre, una mujer y un niño en Japón y cómo come en el Sahara, [...] no el dormitorio, sino el dormir. Y esto aparece si simplemente has entrado en contacto con la realidad; no hacer un dormitorio, no organizar el espacio, solo hacer un hábitat para que las personas vivan, considerando los problemas de hoy». Van Eyck, Aldo, «Talk at the Oterloo Congress,» en *ibid.* p. 200. (Ed. orig. 1959).

culturales, es consciente de que estos pueden condicionar a las propias actividades humanas. La arquitectura se posiciona así como una intermediaria que debe tender un puente entre estas dos condiciones.

Por otro lado, según el autor, las funciones urbanas no deben anularse unas a otras, sino potenciarse en su complejidad. De este modo entiende que el problema de la separación de las actividades propuesto por el CIAM concierne a la supresión de esas superposiciones propias de una flexibilidad construida desde lo no determinado, que tienen un germen en las irracionales apropiaciones del espacio por parte de los niños. En estas zonas grises van Eyck ubica todas esas otras actividades que no están clasificadas por el arquitecto pero que pertenecen a la realidad urbana. Para el autor las cuatro funciones del CIAM son tan distantes entre sí que conceptualmente no encuentran puntos de contacto. De modo similar a como lo plantean Alison & Peter Smithson, Van Eyck confía en el desarrollo de una nueva estrategia en la que la parte y el todo se configuren en continuidad. Como lo propusiera en el Orfanato de Ámsterdam y en la Escuela en Nagele, se trata de un componente urbano que, repetido, puede conformar una red de patrones vinculados entre sí. Cada uno de estos componentes debería poder garantizar por sí mismos algún lazo de identidad con sus usuarios de tal forma que, repetidos a larga escala, esta identidad no se viera sustancialmente afectada.

Finalmente, para Van Eyck es importante el reemplazo del término «espacio» por el de «lugar» ya que, para el usuario, el espacio es propiamente el lugar. Se registra de nuevo un cambio, desde una concepción arquitectónica a una antropológica; salir de la abstracción para acercarse a lo concreto. Es también el paso del concepto de flexibilidad neutral moderna, al de un espacio libre pero sugerente. El «lugar» implica, al contrario que el espacio, un marco de «identidad». Como el mismo autor define: «El espacio donde comes, donde pasas el tiempo [...] es un evento»[186]. Esto es, en definitiva, un reclamo al arquitecto para transformar cada espacio en un lugar concreto, con un carácter asociado al uso, que sea concebido según una «identidad», en una aproximación que, una vez más, vuelve a vincularse con el «decoro» vitruviano. La apuesta de Van Eyck se asienta en el problema de la comunidad, pero confiando aún en las soluciones arquitectónicas para poder afrontarlo: el individuo todavía está presente, aunque tomando distancia de la concepción wrightiana, en la que la libertad del mismo era central. Si la arquitectura moderna había considerado lo colectivo en un sentido abstracto, es decir, sin indagar en profundidad en

---

186. van Eyck, Aldo, «Interior Art,» en *ibid.* p. 296. (Ed. orig. 1961).

los temas de identidad y apropiación del espacio por parte de la comunidad, Van Eyck demuestra una preocupación humanista que marca el rumbo para nuevos enfoques sobre la función que seguirán creciendo en las décadas siguientes, en los que se asume un compromiso con la particularidad y la función antes que con una eficiencia generalizada.

# Conectividad

Arquitectura es poner en orden. ¿Poner en orden qué? Funciones y objetos. Ocupar el espacio con edificios y caminos. Crear receptáculos para abrigar al hombre y crear comunicaciones útiles para encontrarse. Actuar sobre nuestro espíritu por la habilidad de las soluciones, sobre nuestros sentidos por las formas propuestas a nuestros ojos y las distancias impuestas a nuestra marcha. Emocionar por el juego de percepciones a las cuales somos sensibles y a las que no podemos sustraernos. Espacios, distancias y formas; espacios interiores y formas interiores; andar por los interiores; formas y espacios exteriores; cantidades, pesos, distancias, atmósferas; es con esto que actuamos. Tales son los hechos en causa.
(Le Corbusier, *Precisiones respecto a un estado de la actual de la arquitectura y del urbanismo*, 1930)

Las necesidades de la nueva sociedad móvil y los sistemas de comunicaciones que la sirven invalidan las técnicas urbanísticas existentes de jerarquías fijas de edificios y espacios anónimos. La configuración de edificios debe dar sentido a la vez que comunicar la función; función en el complejo sentido del papel que desempeñan en las actividades la comunidad en su conjunto. Tal forma de considerar la construcción de ciudades requerirá inevitablemente de la reflexión tanto de los edificios mismos como de los problemas no estáticos, ya sean el flujo, la velocidad, la detención y el arranque, y todas las demás manifestaciones variadas de la ocupación humana.
(Alison y Peter Smithson, *Team X, Primer*, 1962)

La conectividad en la función supone una problemática amplia que no es solo consustancial a la arquitectura, sino también a la sociedad y a su cultura. Es una concepción que trata el modo en que las personas se aproximan a los edificios, los interpretan y los experimentan a través de sus funciones, tanto en la vinculación entre los diversos recintos interiores como en los propios elementos característicos (corredores, escaleras o rampas). Las aproximaciones conceptuales que la conforman pueden enfocar el problema desde estrategias pragmáticas para resolver las conexiones de un edificio, indagaciones poéticas generadas a partir de los recorridos o impulsión de sinergias desprendidas del proceso de interacción entre los usuarios. La conectividad implica un relato activo entre el edificio y el propio usuario; en ella se hace presente la expresión y comunicación de la función.

Aunque sea un tema presente en la tratadística tradicional de la arquitectura desde Vitruvio, las primeras nociones modernas del problema aparecen en el siglo XVIII en Francia, cuando se comienza a discutir acerca de la importancia de las circulaciones (*distributio*), problema que va cobrando relevancia a medida que la modernización trae consigo la necesidad de edificaciones de mayor tamaño y complejidad funcional. La aparición de edificios masivos entre el siglo XIX y XX requieren de una serie de elementos que propulsen la conectividad y que pasen a un primer plano, adquiriendo un significado propio: puertas, corredores, escaleras, ascensores o rampas serán objeto de reflexión de una arquitectura moderna que encuentra su referencia en los medios de transporte industrializados, como barcos o aviones, traspasando estas lecciones a su propia arquitectura. La conectividad pasa de ser una necesidad a convertirse en parte de la expresión de una arquitectura moderna que en muchas ocasiones se presenta como funcionalista. Esto expande la idea de un recorrido que, aunque ya presente en la estética empirista, cobra fuerza en este período como una amalgama entre lo funcional, lo espacial y lo poético. Finalmente, la conectividad se hace presente en algunas de las experiencias arquitectónicas de la segunda posguerra que ponen el foco en lo antropológico y lo social, inspiradas en la sinergia de una vida urbana que busca ser recuperada.

Desde la misma experimentación de los espacios de un edificio y sus transiciones hasta la separación social que la misma supone, la noción de conectividad es parte intrínseca de la teoría de la arquitectura. Las interpretaciones en torno a la misma se mueven tanto en el plano técnico de raíz higienista, que persigue la separación de los espacios por problemas de exclusiva resolución funcional, como en el sensorial y significativo, que se interesa por las formas en que la función se expresa y se descubre a través del movimiento.

Ambas facetas requieren de un diálogo constante entre lo espacial y lo funcional, entre lo racionalista y lo subjetivo, aunque en el fondo todos ellos respondan a un mismo problema general.

## Circuito y relato

El problema de la conectividad, al menos en su sentido más básico, es casi inherente al hacer arquitectónico, y sus primeros desarrollos teóricos se remontan a Vitruvio y su concepto de *distributio*, en *Los diez libros de la arquitectura*, donde aparece simultáneamente como problema del interior y del exterior. Según el tratadista romano, la «distribución» tiene que ver tanto con la correcta utilización de materiales, terreno, economía como con el destino y distribución de los edificios según los requerimientos de los destinatarios. Se trata de una relación entre la edificación y los ocupantes. El primer autor en discutir esta noción será Jacques-François Blondel, quien afirma, en un sentido más moderno, que la «distribución» está relacionada con la salubridad e higiene, problemas a resolver mediante un correcto uso de los conectores, las ventilaciones y las articulaciones entre recintos. Pero la apuesta de Blondel es másamplia, y oponiéndose a la noción de «belleza arbitraria» *(beauté arbitraire)* que Perrault propone para las proporciones, y volviendo a la idea vitruviana de que las mismas derivan directamente de las leyes de la naturaleza, asume dos polos: razón e imaginación. Con este movimiento conjuga la racionalidad humana con las leyes naturales, un paso que será fundamental para la modernización del conocimiento en Francia, al final de la monarquía[187]. Blondel ordena la tradición teórica francesa e italiana pasando por Alberti, Palladio, De l'Orme, Perrault, Cordemoy y Laugier, y consigue condensar varios temas que formaban parte de las discusiones disciplinares anteriores con una serie de herramientas operativas de base racionalista. Integrando la razón y la imaginación da lugar al gusto subjetivo, el que debe, según él, mantenerse contenido bajo un orden que responda a la finalidad del edificio. Para poder establecer las reglas de este orden el autor construye un sistema de normas con vocación absoluta que cuentan además con una intensa proyección didáctica, con el fin de poder ser traspasadas con claridad a las siguientes generaciones.

---

187. Ver Calatrava, Juan A., «Una propuesta de enseñanza de la arquitectura en la Francia de las Luces: Blondel y la Ecole des Arts,» *Estudios dieciochistas en homenaje al profesor José Miguel Caso González,* (1995), p. 124.

Según Blondel, la arquitectura de la Francia de su tiempo debe asumir su condición histórica en la «distribución» interior que, además de conseguir comodidad, debe expresar la finalidad del edificio al exterior: «una arquitectura adecuada, tal como la entendemos, debe aspirar a pintar los ojos externos, en dignidad, valor, fortuna o economía»[188]. El pensamiento de Blondel en cuanto a lo pedagógico hace hincapié en el dibujo como condensador de conocimientos y medio de control para la imaginación. El dibujo es para Blondel una balanza que equilibra la razón y la imaginación. Parte de esta armonía es la que alimenta su aportación a las concepciones funcionales, poniendo énfasis en la distribución de los edificios y en cómo los mismos se recorren y se hilvanan. En el proyecto para un Gran Hotel, publicado en la *Encyclopédie* de Diderot (fig. 1), se expresan con claridad sus propias anticipaciones. En una compensación entre lo funcional y lo representativo, Blondel recurre a la variedad, generando al mismo tiempo un relato en el circuito arquitectónico interior, a través de un despliegue de volúmenes longitudinales en el terreno, con extensas galerías y patios interiores que garantizan una adecuada ventilación a todas las estancias, a su vez que permiten un distanciamiento notable entre los cuerpos para expandir las visuales desde el interior. Los puntos de encuentro entre las líneas de distribución adquieren importancia como nodos de articulación que toman la forma de pequeños salones, salas o vestíbulos, y se destacan por la centralización de su interior: plantas con figuras elípticas, circulares o cuadradas. El énfasis recae en el movimiento y en cada uno de los elementos que lo constituyen.

Al mismo tiempo, para Blondel, la «distribución» implica un reclamo sobre el tema de la economía, que debiera ser incorporada a la arquitectura: una distribución entendida como una aplicación eficiente de las circulaciones, en pos de un ahorro de superficies y recorridos. «El arquitecto no es decorador, organizador (en francés *distributeur*) y constructor, pero debe cumplir estas tres ramas a la vez [...] a partir de estos estudios combinados nace la superioridad de la arquitectura»[189]. La influencia que esta terna tendrá en el pensamiento posterior de la arquitectura francesa, en especial en Durand, podría considerarse como la actualización moderna de la tríada vitruviana.

---

188. Blondel, Jacques-François, *Cours D'Architecture ou Traité De la Décoration, Distribution & Construction Des Bâtiments: Contenant Les Leçons données en 1750, & les années suivantes par JF Blondel, Architecte, dans son École des Arts.* 2 (Paris: Desaint, 1771), p. 390. (Ed. orig. 1675).

189. *Ibid.* pp. 128-129.

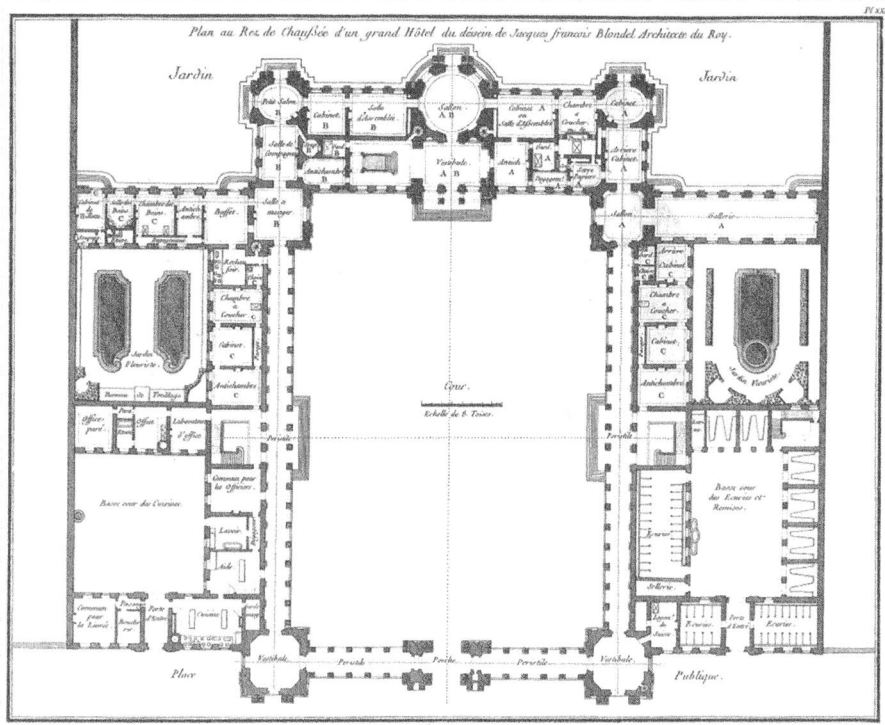

Figura 1. Blondel, Jacques-François. «Gran Hotel. Planta Baja». Plate XXIII: 'Architecture'. París: The Encyclopedie ou Dictionnaire raisonne des sciences, des arts et des metiers, par une Societe de Gens de lettres. 1751, 1751

## Distribución social

Una de las experiencias más ambiciosas en cuanto a la exploración de la conectividad en las arquitectura la encarnará el llamado socialismo utópico, ya que conseguirá tensar el problema más allá del marco disciplinar, planteando relaciones concretas entre la arquitectura y la organización social. En *Utopía*, la novela que Thomas Moro escribió en 1516, la perfección se consigue por medio de la razón, la política, la economía y la organización social. Frente al desequilibrio liberal, un estado de distribución social garantiza la igualdad entre las personas[190]. Cuando la función atraviesa el velo de la necesidad con el objetivo transformador de mejorar la vida, y recurriendo a un modo de organización que se aparte de las tradiciones, puede aparecer la noción de utopía. Las propuestas

---

190. Cervio, Ana Lucía, «Claves para un habitar apasionado,» en *Teoría social, cuerpos y emociones*, ed. Scribano, Adrián Oscar (Buenos Aires: Estudios Sociológicos Editora, 2013), p. 27.

utópicas no solo plantean un modo de vida ideal, sino que al mismo tiempo funcionan como una crítica a la política de su tiempo. En el socialismo utópico las propuestas no provienen necesariamente de una voluntad colectiva, sino más bien de un pensamiento individual, de una ficción que permitiría acercarse a la felicidad traspasando el caos existente. Estas experiencias representan tanto un programa político como arquitectónico, ya que el mismo edificio es el que condensa el orden que este sistema requiere. Gran parte de las propuestas de Henri de Saint-Simon, Charles Fourier y Robert Owen se nutre de las pésimas condiciones de vida que caracterizan a la nueva clase trabajadora, producto de los avances de la industrialización del siglo XIX.

De entre los teóricos de este movimiento probablemente sea Fourier el que más vínculos tenga con la arquitectura, dado el desarrollo profundo que hace del falansterio (*phalanstère*) (fig. 2) el edificio que alberga esta nueva organización social. El proyecto del falansterio, con una disposición exterior simétrica que recuerda a la del palacio barroco, opta por una distribución angosta que va cerrando, en todo su perímetro, una serie de patios interiores. El programa puede asimilarse al de una pequeña ciudad. Contiene, además de las viviendas, los lugares de trabajo, los graneros, la escuela, la iglesia y el teatro. En su descripción Fourier adopta una explicación similar a la de los tratados de arquitectura: recomienda para su ubicación que no se alce muy lejos de una ciudad, que tenga cerca un bosque, que cuente con conexión a un río, que sea un terreno fértil, apto para el cultivo[191]. En cuanto a la división social, Fourier propone una división del trabajo según habilidades y caracteres personales, pero también según condiciones sociales anteriores. Aquí se encuentra uno de los puntos más interesantes de esta teoría, que propone que los modos de organización deben ser resultado de un entendimiento de las «pasiones» que caracterizan a cada persona. El autor elabora un cuadro con doce pasiones, divididas en tres grupos: en el primero, el que denomina «sensitivo»,

---

191. «El centro del palacio o falansterio, debe dedicarse a las funciones apacibles, comedores, bolsa, biblioteca, salas de reunión y de estudio, etc. En ese centro estará el templo, la torre del vigía, el telégrafo, las palomas mensajeras, el observatorio, la campana de ceremonias y el patio de invierno, adornado con plantas resinosas y situado al respaldo del patio principal. Una de las alas debe reunir todos los talleres ruidosos, como carpintería, herrería, etc., y todas las reuniones infantiles que son tan bulliciosas en industria como en música. Se evitará con esta reunión uno de los más molestos inconvenientes de nuestras ciudades civilizadas, donde se encuentran en cada calle obreros de martillo, forjas o aprendices de clarinete, que rompen el tímpano de cincuenta vecinos. La otra ala debe contener el hospedaje para viajeros, con salas de baile y de reunión de extranjeros a fin de que no asalten el centro del palacio, ni molesten la vida doméstica de la Falange». Fourier, Charles, «El Falansterio,» en *Teoría de la unidad universal*, ed. Cortés, Chantal López y Omar (México: Biblioteca Virtual Antorcha, 2006), p. 26. (Ed. orig. 1822).

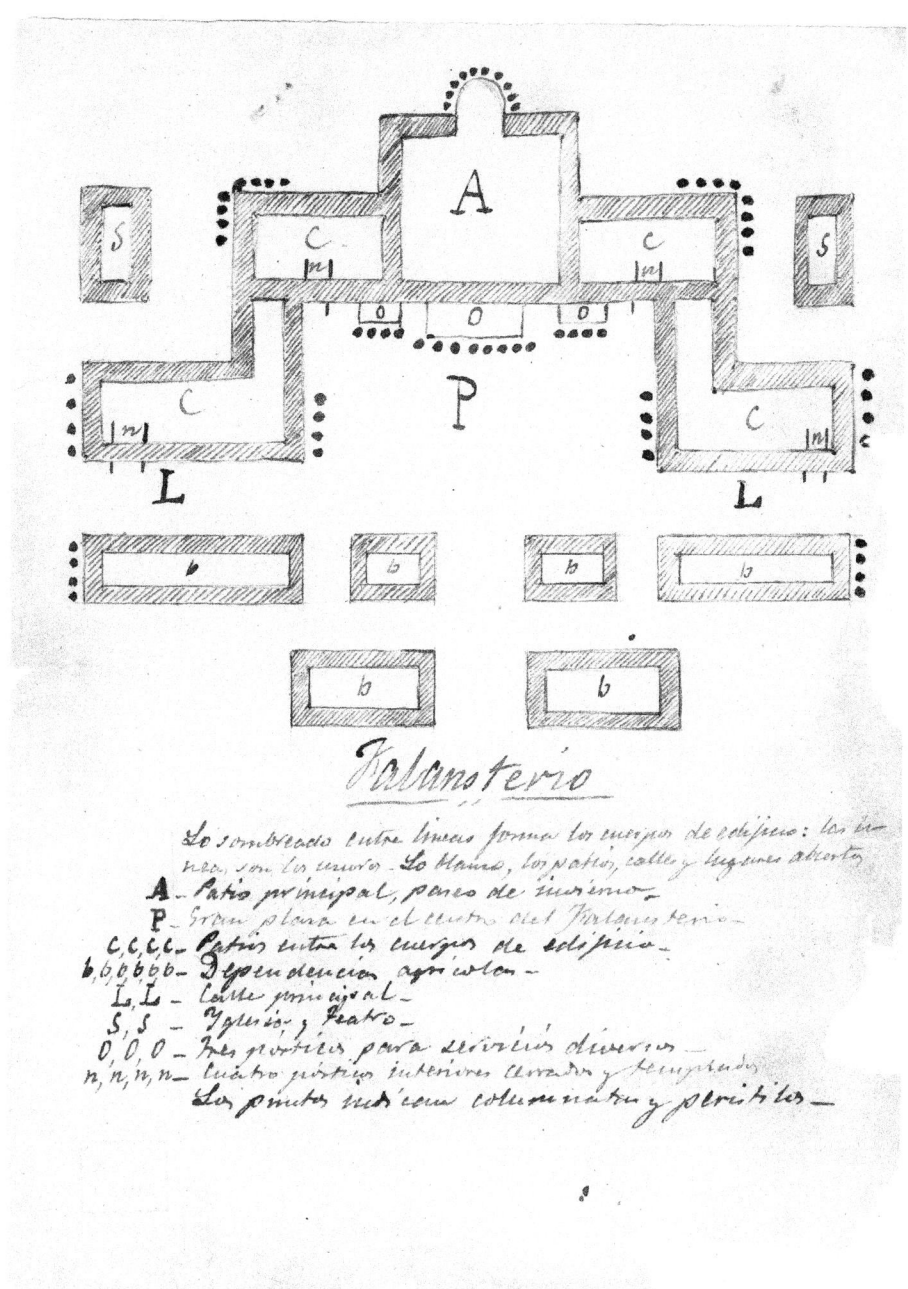

Figura 2. de Cala, Ramón. «Falansterio. Esquema según la concepción de Fourier «. Cádiz: Informe para la mejora de la clase obrera, 1884

comprende los cinco sentidos; el segundo es el «afectivo», cuyas pasiones serían la ambición, la amistad, el amor y la familia; el tercero es el «distributivo», que incluyen al disidente, alternante o coincidente. Estas pasiones, en conjunto con las etapas de la vida, serían los puntos vinculantes dentro de la sociedad, esto permitiría ubicar a las personas en un lugar apropiado dentro del falansterio. Este nuevo orden utilizaría las discordias naturales entre las personas para obtener fines útiles, como potenciar el encuentro de acuerdo a opiniones, instintos o gustos: una racionalidad aplicada a la organización social y al trabajo que se basa en características afectivas. El falansterio se vuelve un artefacto inclusivo, que requiere de sus pares opuestos, y las gradaciones entre ellos, en lo afectivo como en lo económico: en el mismo convivirán el rico y el pobre, el niño y el anciano, el alegre y el acongojado. Esta gradación de desigualdades pretende lo que Fourier considera fundamental en una sociedad, el «movimiento» según las diferencias, que permitiría a las personas desplazarse de acuerdo a estímulos personales en vez de a necesidades u obligaciones. Probablemente, la problematización de las diferencias entre individuos sea uno de los rasgos más característicos de la conectividad en el proyecto, dado que sus habitantes no son considerados como una masa uniforme. Aunque no llegue a expresarse completamente desde lo arquitectónico, existe en Fourier la vocación por resaltar las diferencias de los usuarios, y de distribuir el espacio según las mismas. En este aspecto resulta una propuesta completamente novedosa en el marco de la función, que inaugura la incorporación de las variables individuales en un encuadre social, con un vago origen en la idea de «necesidad» de Perrault y el lugar que ocupa el Estado en la regulación de las mismas.

El falansterio se propone como un nuevo modo de arquitectura y urbanismo liberador en el marco de la industrialización del siglo XIX. Aunque Vitruvio, al desarrollar su concepto de «disposición», ya había atribuido a la arquitectura el problema de organizar los estratos sociales en los edificios, el paradigma representado por el proyecto de Fourier alude más a la necesidad de que la arquitectura encarne una organización social renovadora, colocándola como un elemento imprescindible para su óptimo desarrollo. La importancia radica en la descripción de la distribución del falansterio realizada por el autor, donde se confía en que, a través de la conectividad de las funciones de un edificio, es posible transformar la estructura social. Esta sociedad ideal, imaginada no solo por Fourier, sino también por Robert Owen en New Harmony, por Guise de Jean-Baptiste Godin en el «familisterio» (*familistère*) o por Oliveira de Benoît Jules Mure en el otro falansterio, tenía entre sus fines regular las actividades humanas en cuanto a horarios de trabajo, descanso y ocio. Por medio de un control riguroso y directo sobre cada detalle de las actividades, presente también en las cárceles, escuelas u hospitales, era posible, según esta visión ampliada durante el siglo XIX, alcanzar la felicidad[192].

El llamado socialismo utópico encarna una de las corrientes que con más énfasis conjuga estas lecturas, generalmente limitadas al plano teórico, con propuestas concretas que incluyen una organización espacial de las actividades que la componen, en una mixtura entre arquitectura, urbanismo y transformación política. La función del proyecto arquitectónico se entiende, dentro de este contexto, como una hipótesis para el correcto funcionamiento de una sociedad nueva, con reglas (e incluso leyes) propias. Por ello, el rol que la conectividad tendrá en estas propuestas requerirá de una precisión que podría asimilarse al de una máquina. Y es por esto también que historiadores como Leonardo Benévolo o Kenneth Frampton las han ubicado en los albores de la arquitectura moderna de las primeras décadas del siglo XX.

## Poética del recorrido

Desde sus primeros textos publicados en *L'Esprit Nouveau* a partir de 1920 se hace patente en Le Corbusier un acercamiento a la arquitectura desde una condición funcional compleja, que tiene relación con diversas concepciones, y que incluye un interés que va desde la técnica y la simpleza de la máquina hasta la planta (*plan*) como centro neurálgico de la arquitectura. A pesar de que la función cuente con un cierto protagonismo en sus textos es constante su postura acerca de que estos condicionantes no son los que definen la forma arquitectónica. De ahí que si algo en el pensamiento de Le Corbusier dista de las nociones de eficiencia y adecuación sea, en primer lugar, la constante insistencia en cuanto a la inclusión de la emoción como ingrediente esencial de la arquitectura y, en segundo lugar, la falta de vocación científica en sus presupuestos teóricos. Le Corbusier distingue con claridad la construcción meramente funcional de la arquitectónica[193], y no concibe que la función pueda guiar por sí misma a un resultado arquitectónico, a diferencia de la completa

---

192. Ver Artese, Martín, «Un sujeto disciplinado es un sujeto feliz. Bentham y la noción utilitarista del cuerpo y las emociones,» en *Teoría social, cuerpos y emociones*.
193. Ver Le Corbusier, *Hacia una arquitectura* (Barcelona: Apóstrofe, 1998), p. 175. (Ed. orig. 1923).

vocación funcionalista de Häring, o el enfoque cientificista de Meyer[194]. Al mismo tiempo sí está en consonancia con ellos cuando afirma: «Todos los hombres tienen el mismo organismo, las mismas funciones. Todos los hombres tienen las mismas necesidades»[195]. Este germen racionalista y universalista, que también será visible en su interés por la tipificación, lo conecta con los autores de raíz socialista. Pero será en su fijación por el recorrido como relato total de la arquitectura donde se distinga su concepción funcional. Le Corbusier ostenta una genuina preocupación por las percepciones y las transiciones dentro de los espacios; una invitación al movimiento y al relato que dan sentido a la noción de conectividad.

El tema de la máquina está ligado a la literatura de la función en la arquitectura desde el mismo Vitruvio. En el caso de Le Corbusier esto se expresa en sus primeros escritos, pero al mismo tiempo que la máquina ocupa un lugar central también lo hacen los mismos ingenieros. En *Vers une architecture* estos resultan un contraste tan incómodo y conflictivo como provocador y efectivo. Aunque para Le Corbusier no resulta tan importante la relevancia que los ingenieros consiguen frente a los arquitectos a fines del siglo XIX como la capacidad casi inconsciente de que poseen para alcanzar la síntesis formal y funcional, logrando de este modo una belleza que, según el autor, es comparable a la de la arquitectura de la Antigüedad. Pero no solo son los ingenieros, sino que también los productos derivados de la industrialización los que le provocan fascinación. A diferencia de Gínzburg, Le Corbusier parece extraer más lecciones de las máquinas de transporte, barcos, aviones y automóviles, a los cuales les dedica capítulos exclusivos en su primer libro, que del funcionamiento propio de la fábrica, como lo hacía el arquitecto soviético. Si la aproximación de Gínzburg resulta más científica, la de Le Corbusier es sin duda poética[196]. En una primera aproximación podría resumirse que para Le Corbusier el ingeniero encarna las soluciones funcionales más limpias, conducido por el pensamiento racionalista; el arquitecto debe incorporar este

---

194. Esta diferencia queda claramente expuesta por el debate que presenta Frampton, en el capítulo dedicado a Le Corbusier, en Frampton, Kenneth, *Historia crítica de la arquitectura moderna* (Barcelona: Gustavo Gili, 2005), pp. 161-162. (Ed. orig. 1980).

195. Le Corbusier, *Hacia una arquitectura*, p. 108.

196. «El ingeniero, inspirado por la ley de la economía, y llevado por el cálculo, nos pone de acuerdo con las leyes del universo. Logra la armonía. El arquitecto, por el ordenamiento de las formas, obtiene un orden que es pura creación de su espíritu; por las formas, afecta intensamente nuestros sentidos, provocando emociones plásticas: por las relaciones que crea, despierta en nosotros profundas resonancias, nos da la medida de un orden que se siente de acuerdo con el del mundo, determina reacciones diversas de nuestro espíritu y de nuestro corazón; y entonces percibimos la belleza». *Ibid.* p. XXIX.

enfoque, para complementar la «pura creación del espíritu». No obstante, no se trata de metáforas, ya que Le Corbusier se preocupa por incluir en su propia práctica las distribuciones lineales y el ajuste entre espacios mínimos y espacios amplios propios de los transatlánticos: unidades mínimas para el habitar individual; salones amplios para los espacios colectivos y, entre estos, conectores de circulación que signifiquen una experiencia en sí mismos. Estos espacios, resueltos por la «ley de la economía», serían también capaces de conmover[197]. En definitiva, las arquitecturas producidas por el pensamiento ingenieril, como los aviones o barcos, son también, según el autor, productos de alta selección, que merecen una interpretación arquitectónica. Si la disciplina comprendiera la depuración del modo de pensar y actuar del ingeniero, la economía y la mecánica podrían ser tenidas en cuenta también por el arquitecto[198]. Esta confrontación que Le Corbusier propone es la que le lleva a interpretar la arquitectura como una «máquina de habitar» (machine à habiter). Así: «Una casa es una máquina de habitar. Baños, sol, agua caliente, agua fría, temperatura a voluntad, conservación de los alimentos, higiene, belleza mediante la proporción. Un sillón es una máquina de sentarse, etc»[199]. En el momento en que aparecen las directrices para dar una posible solución a la relación entre arquitectura y mecanización es cuando Le Corbusier se separa del enfoque de la eficiencia. Su inspiración en los barcos es la que le aporta una fuente más directa en relación con sus propuestas arquitectónicas, en espacial el Aquitania, cuya imagen incluye en Vers une architecture, y resulta una referencia ineludible de sus «ventanas apaisadas» (fenêtre en longueur), presentes en gran parte de sus viviendas, con las cuales, según sus palabras, se garantiza una mejor iluminación, se ofrece una visión panorámica, y se enfatiza la línea horizontal, que remarca el recorrido.

---

197. «El avión es un producto de alta selección. La lección del avión está en la lógica que ha presidido el enunciado del problema y su realización. El problema de la casa no se ha planteado. Los elementos actuales de la arquitectura, ya no responden a nuestras necesidades. Sin embargo existen las normas de la vivienda. La mecánica lleva en sí el factor de economía que selecciona. La casa es una máquina de habitar». Ibid. p. XXXI.

198. «Ingenieros anónimos, mecánicos metidos entre la grasa y el hierro de la fragua, han construido esas cosas formidables que son los paquebotes. Nosotros, habitantes de la tierra firme, carecemos de los medios de valoración y sería una suerte que para que aprendiéramos a descubrirnos ante las obras de la regeneración, se nos brindase la oportunidad de recorrer los kilómetros que representa la visita a un paquebote. Los arquitectos viven en la estrechez académica, en la ignorancia de las nuevas reglas de construcción, y sus conceptos se detienen gustosos en las palomas que se besan. Pero los constructores de los paquebotes, audaces y sabios, crean palacios junto a los cuales las catedrales son muy pequeñas: ¡y los echan al agua!. La arquitectura se ahoga con las costumbres». Ibid. pp. 70-71.

199. Ibid. p. 73.

Su planteamiento cobra fuerza cuando concibe sus proyectos de escala urbana: cuando plantea las ciudades sobre pilotes de su Ville Radieuse para París propone una serie de pasarelas que separan drásticamente la circulación peatonal de la vehicular. Sobre los pilotes, la circulación peatonal y, debajo, los vehículos y las infraestructuras. Desde este punto de vista, y atendiendo a sus textos, sus propuestas urbanas contienen un germen teórico más claro y contundente que sus propuestas arquitectónicas, tendiendo estas últimas a estar mucho más gobernadas por la particularidad de cada encargo y situación. Siguiendo esta afirmación, para la misma Ville Radieuse sugiere: «En lugar de trazar las ciudades en rectángulos macizos, con el estrecho laberinto de calles bordeadas por las casas de siete pisos, a pico sobre la calzada y, rodeando patios malsanos, sentinas sin aire y sin sol, se trazarían, ocupando las mismas superficies y con la misma densidad de población, grupos sucesivos de casas de radiantes, que serpenteasen a lo largo de avenidas diagonales. Nada de patios, sino departamentos que abriesen todas sus fachadas al aire y a la luz, y mirasen, no sobre los árboles enclenques de los bulevares actuales, sino sobre praderas, campos de juego y plantaciones abundantes»[200]. En estas palabras puede apreciarse que Le Corbusier ve el problema de la función en un ámbito urbano desde una perspectiva más cercana a la de la ingeniería. Dichas propuestas serían capaces de albergar, por su misma economía de medios, una belleza propia. En las mismas palabras del autor: «Los usos llegan a ser modestas o poderosas costumbres; y nadie, en medio de tantas contradicciones agotadoras, adivina que una simple decisión, suprimiendo el obstáculo, pueda abrir paso libre a la vida. A la vida simplemente»[201]. Así, los problemas funcionales en el ámbito urbano quedarán sintetizados en los cuatro usos base para el diseño de las ciudades (habitación, circulación, trabajo y ocio) de *La carta de Atenas* que el CIAM, en esta etapa liderado por Le Corbusier, publica en 1933. Este conocido documento servirá a la larga tanto para sintetizar como para reducir el discurso moderno de la función, convirtiéndose en el objetivo de ataque de sus principales detractores.

Aunque para los autores incluidos en la noción de adecuación la planta fuera el principal elemento para la resolución de la función, llamativamente no le dedican a ella la misma atención que Le Corbusier. Casi retomando un tema de la tradición academicista francesa, Le Corbusier coloca la planta (traducida como «plan», lo que le otorga una acepción más general y estratégica) como

---

200. *Ibid.* p. 47.
201. Le Corbusier, *El modulor,* (Buenos Aires: Poseidón, 1961), p. 15. (Ed. orig. 1948).

eje de la función y de la forma: «El plan es el generador. Sin plan, solo hay desorden y arbitrariedad. El plan lleva en sí la esencia de la sensación. Los grandes problemas del futuro, dictados por las necesidades colectivas, presentan de nuevo la cuestión del plan. La vida moderna exige, espera, un nuevo plan para la casa y para la ciudad»[202]. En unas palabras que bien podrían encajar en las concepciones de Häring, Le Corbusier proclama: «El plan procede de dentro a afuera; el exterior es el resultado del interior»[203]. Con esto no parece referirse solamente al tejido de las necesidades interiores, sino también al propio interés por el orden y las circulaciones plausibles de ser configuradas a través de la planta. Es por lo tanto la partitura donde las diferentes situaciones encuentran relación entre sí, sin ser, como en la «composición» de Guadet, un fin en sí mismo. El problema de la función no significa para Le Corbusier un catalizador de la obra como totalidad, como sí lo esperaría Häring, pero la planta sí resulta la herramienta idónea para resolver los recorridos, esa «esencia de la sensación» que el autor refiere. La necesidad de una planta que garantice la correcta circulación es parte de la economía, al mismo tiempo que es la experiencia propia del recorrido.

Desde ese primer croquis apresurado que Le Corbusier traza en su viaje a Oriente en la Acrópolis de Atenas (desde los Propileos mirando hacia el Partenón) subyace un interés inherente sobre la distancia, la vinculación entre dos puntos, el regalo que supone alcanzar un lugar deseado, el esfuerzo a la vez que la experiencia propia del recorrido. Este interés es patente en su obra y gobierna sus decisiones de proyecto, hasta tal punto que es capaz de dar un nuevo sentido a la función a partir de esta estrategia. El recorrido, entendido como experiencia, reclama una extensión mayor de la que normalmente se necesita para resolver las circulaciones de un edificio. La conectividad en Le Corbusier se aparta de los intereses de la eficiencia, ya que no persigue la resolución óptima de las circulaciones, sino que más bien busca una desconexión forzada que haga reaparecer esa distancia necesaria para replicar su inicial experiencia en la Acrópolis. Esta aparente disfuncionalidad se ve asimismo compensada por la calidad propia que los espacios separados adquieren, en cuanto a iluminación, ventilación y visualización. Para la materialización de estos recorridos, Le Corbusier recurre a una serie de herramientas arquitectónicas que serán insignia de gran parte de sus proyectos, como las rampas o escaleras, y otras más conceptuales, como los ejes. Esto

202. *Hacia una arquitectura*, p. XXX.
203. *Ibid.* p. XXXII.

queda ejemplificado cuando, en *Vers une architecture*, dice: «Ritmos, distancias, tiempos de la arquitectura, fuera de la casa y dentro de la casa. Una cuestión de lealtad profesional nos obliga a dedicar nuestra entera solicitud al interior de la casa. Se entra, se recibe un choque, primera sensación. Henos aquí impresionados por aquella magnitud de habitación que sucede a otra, por tal forma de habitación sucediendo a la otra. ¡Ahí está la arquitectura! Y según la manera en que ustedes entren en una habitación, es decir, según sea la situación de la puerta en la pared de la habitación, la conmoción será diferente. ¡Ahí está la arquitectura!»[204].

Para Le Corbusier la circulación conduce a la función, la transforma y la guía; se trata de hilvanar experiencias, pero también de hilar y dar sentido a las actividades según una disposición, una sucesión. El diagrama que el mismo arquitecto elabora para la sucesión de experiencias en el efímero Pavillon des Temps Nouveaux de 1936 (fig. 3) resulta ilustrativo; en este se ejercita una entrada y una salida lineales a través de las cuales poder experimentar todas las estancias del pabellón. Aunque el diagrama no haga referencia a ningún elemento arquitectónico, tampoco resulta completamente abstracto, ya que su trazado se condice con la propia planta; al fin y al cabo, es un plan de la propia *promenade architecturale* que prescinde de la arquitectura, y explica el intenso interés que el autor otorgaba a este circuito poético.

Además del eje, los «ritmos, distancias y tiempos» son los que permiten entender cuan importante resulta para Le Corbusier el relato y la secuencia espacial; o cierta idea de montaje de experiencias interiores. La *promenade architecturale* ha sido vinculada a su impacto espacial, estético y a su inevitable vinculación con la narrativa, literaria o cinematográfica, pero la relación de esta con la función resulta tan productiva como compleja. En este punto los elementos arquitectónicos que conforman la circulación adquieren un rol de actores centrales: el corredor, la escalera y la rampa son elementos fundamentales en la obra de Le Corbusier y son tratados normalmente de una manera especial por sus posibilidades de generar una secuencia, un interés entendible, dado que el autor considera que la arquitectura y el cine eran las verdaderas artes de su tiempo[205], algo que se verificaba en sus esquemas, donde no faltaba una perspectiva de la visión del visitante, imaginando la secuencia espacial. Este esfuerzo es el que permite entender su constante intención de hacer

---

204. Le Corbusier, *Precisiones respecto a un estado de la actual de la arquitectura y del urbanismo*, (Buenos Aires: Poseidón, 1979), pp. 95-96. (Ed. orig. 1930).

205. Ver Cohen, Jean-Louis, *Le Corbusier and the Mystique of the USSR: Theories and Projects for Moscow, 1928-1936* (Nueva Jersey: Princeton University Press, 1992).

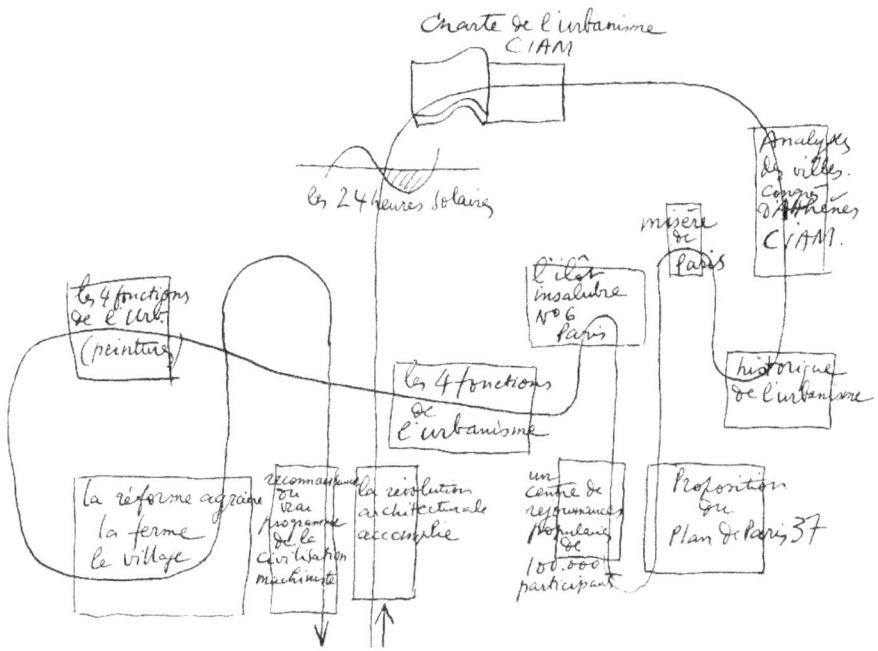

Figura 3. Corbusier, Le. «Routa de exposición del pabellón «Temps Nouveaux»». París: Oeuvre complète, vol. 3, 1934

de la arquitectura un objeto comprensible, plausible de ser leído y al mismo tiempo habitado. Esa es quizás su cercanía más clara con la función y no la de la distribución de las actividades, ya que la posición y sentido de estas persigue constantemente el hilo del relato. Para Le Corbusier la función por sí sola es un problema anterior, más básico y fundamental que la necesidad de redefinir ciertas funciones modernas. Esto se ratifica con la austeridad de algunas de sus últimas obras, como Le Cabanon en Côte d'Azur, donde habría de acabar sus días, en el que la función se reduce al mínimo indispensable.

La experiencia visual y espacial no aparece como el único resultado de la *promenade architecturale*: esta requiere de una organización funcional que se adapte a su sentido, de una serie de distancias y separaciones que le permitan existir. Desde este encuadre, la conectividad podría significar para Le Corbusier la razón y el origen mismo del funcionamiento de sus edificios; una función que se desprende de un recorrido. Esta resulta deudora de la organización de las funciones y el recorrido que Adolf Loos había ensayado en sus viviendas de las primeras décadas del siglo XX, en especial la Casa Moller, de 1928, o la Casa Müller, de 1930. El conocido concepto de *Raumplan*, bautizado así no por Loos sino por su biógrafo Heinrich Kulka[206], explica el interés del arquitecto por dotar a cada espacio de su justa medida, con alturas diferentes, lo cual lleva a la conocida elaboración tridimensional del interior: «Mi arquitectura no está concebida en plantas, sino en espacios (cubos). No diseño plantas, fachadas o secciones, diseño espacios. Para mí, no hay planta baja, primer piso, etc. Para mí, solo hay espacios contiguos, continuos, habitaciones, antesalas, terrazas, etc. Las plantas se fusionan y los espacios se relacionan entre sí. Cada espacio requiere una altura diferente: el comedor será probablemente más alto que la despensa, por lo tanto, los techos se establecen en diferentes niveles. Unir estos espacios de tal manera que el ascenso y el descenso no solo sean inobservables sino también prácticos»[207].

La *promenade architecturale* había sido puesta en práctica por Le Corbusier en los años veinte, en proyectos como la Ville La Roche de 1923 o la Villa Stein de 1927, aun así, quizás sea en el proyecto para la Ville Savoye de 1929, y la misma descripción que el autor utiliza, la que ilustre este concepto de manera más acabada. Así describe Le Corbusier el acceso a la casa, donde la *promenade architecturale* no solo se materializa como experiencia de recorrido, sino como argumento para hilvanar diferentes situaciones funcionales del proyecto: «Del interior del vestíbulo arranca una rampa suave, que conduce casi sin darse cuenta, al primer piso, en donde transcurre la vida del habitante: la recepción, los dormitorios, etc. Tomando vista y luz del contorno regular de la caja, las diferentes habitaciones van a juntarse, radiando, a un jardín suspendido, que se encuentra allí como si fuese un distribuidor de luz y de sol. Es el jardín suspendido sobre el cual se abren con toda libertad las paredes correderas de cristales del salón y otras de las diferentes habitaciones de la casa: de esta manera el sol penetra por todas partes, llegando hasta el mismo corazón de la casa»[208]. Según Le Corbusier: «la circulación procura unas impresiones arquitectónicas de una diversidad que desconcierta a todo visitante extraño a las libertades arquitectónicas aportadas por las técnicas modernas. Los simples postes de la planta baja, debido a una justa disposición, recortan el paisaje con una regularidad que tiene por efecto suprimir toda noción de 'parte anterior' o de 'parte posterior' de casa, de 'lado' de casa»[209]. El recorrido es el que le permite lograr esta

---

206. Ver Segura, Alfonso Díaz; de la Maza, Ricardo Merí, y Soriano, Bartolomé Serra, «La construcción del Raumplan,» *Rita*, 1, (2014).

207. Loos, Adolf, extracto de una conversación en Plzen (Pilsen), 1930, en Singley, Paulette, *How to Read Architecture: An Introduction to Interpreting the Built Environment* (Londres: Routledge, 2019). Traducido por el autor.

208. *Precisiones respecto a un estado de la actual de la arquitectura y del urbanismo*, p. 158.

209. *Ibid.*

«diversidad». En este texto queda también en evidencia la persistencia del autor por conceder importancia a este «visitante extraño» que él mismo menciona antes que al propio usuario común de la obra, lo cual también explica su regocijo en un recorrido que a todas luces se descubre como novedad. Esta vocación de la *promenade architecturale* como primera experiencia se opone al recorrido cotidiano, que no parece interesarle, al menos no en el mismo grado que otros autores ya mencionados, como Gínzburg. En efecto, las distribuciones funcionales pueden verse sometidas o afectadas por este recorrido experiencial. Pero al mismo tiempo la función alimenta y da sentido a los espacios del recorrido; las características de cada uno de estos recintos ofrecen oportunidades de contrastes y matices para hilvanar el relato de la propia circulación.

También en la Casa Curutchet, construida en Buenos Aires en 1949, la *promenade* se ajusta a unos condicionantes más restrictivos, dada la situación y proporción del solar. En esta obra puede encontrarse una variante que tensa la estrategia de la *promenade* hacia una situación más incómoda de resolver. El autor decide aquí fragmentar drásticamente el programa en dos volúmenes para crear un elemento de conexión intermedio. Este elemento, una extensa rampa que cruza el patio central en ida y vuelta, resulta al mismo tiempo necesario y poético. La división permite que ambos volúmenes obtengan iluminación y ventilación naturales, y que gocen de espacios abiertos, hacia la calle, y privados, hacia el patio. El remate de este recorrido se da también en una terraza-jardín superior, que en este caso está techada y posee un dominio visual hacia la calle, en altura.

Otro caso paradigmático es el de uno de sus últimos proyectos en Europa, el convento de Sainte-Marie de La Tourette, de 1957. En él, Le Corbusier traza una planta claustral, que se compone de la capilla en una de sus caras y el resto del programa cerrándola en un esquema en U, en la que, como en cualquier esquema cercano al claustro, la circulación cobra, desde el inicio, un protagonismo fundamental. Por otro lado, de modo contrario a la típica distribución del claustro, los extensos corredores de la planta de acceso van mutando sorprendentemente de adentro hacia afuera, aprovechando el tiempo del recorrido para ofrecer situaciones cambiantes, visuales al interior del edificio o al paisaje. Aún más llamativo resulta descubrir que el sistema de circulación en el nivel superior e inferior cambian drásticamente: arriba la circulación toma el perímetro interno mientras que abajo se distribuye desde el centro a modo de cruz latina. Cada planta se permite una nueva forma de recorrido, ofreciendo además diferentes instancias espaciales y visuales. Uno de los corredores, cercano al ingreso, presenta una extensa y mínima *fenêtre en longueur* colocada exactamente a la altura del ojo, que atraviesa todo el espacio de lado a lado, permitiendo al caminante ser acompañado por la línea de horizonte. A esta se le opone el conocido corredor para el que Iannis Xenakis realizó estudios de armonía en relación con la ventana de líneas verticales, generando un ritmo de sombras y contraluces verticales. Otro de los corredores se cierra con unas particulares ventanas de hormigón armado que ofrecen una composición que alterna paños transparentes y opacos. Esta diversidad y cuidado por los momentos de circulación resultan ilustrativos de la importancia que Le Corbusier daba a temas centrales de la conectividad, como el movimiento, el tiempo y la sorpresa.

## Puentes de sinergia

A pesar de haber sido identificados inicialmente dentro de la corriente inglesa conocida como el «nuevo brutalismo», las primeras apariciones de Alison y Peter Smithson junto al Independent Group muestran una sensibilidad especial por las condiciones antropológicas de la cultura de posguerra. La exposición *Parallel of Life and Art* de 1953 presenta un compendio de imágenes de noticias, fuentes arqueológicas o zoológicas de desconocida procedencia entremezcladas con visiones distorsionadas de figuras humanas; una muestra, quizás, de los restos desensamblados de la guerra en un país que necesitaba a toda cosa iniciar su reconstrucción, no solo física, sino también existencial. Nigel Henderson, por su parte, fotografiaba niños que lograban encontrar un rastro de vida en las calles arrasadas, apropiándose de las mismas a través del juego. Una visión paralela, a la vez que desesperante, de los intereses que Van Eyck encontraba en la utilización lúdica del espacio público por parte de los niños.

La exposición *This is tomorrow* del Independent Group expone en 1956 un ligero cobertizo que parece versionar la primitiva cabaña de Laugier después de que el mundo fuera arrasado por una gran guerra: una nueva estructura básica, esta vez no idealizada por un sistema cultural, sino más bien construida con lo que puede encontrarse de lo que queda de él. El interés por lo antropológico[210] y la descarada exposición de lo prefabricado o lo existente, son

---

210. Al mismo tiempo los autores asumen la insuficiencia de los estudios antropológicos para actuar directamente en el diseño, otorgando indirectamente esa responsabilidad al arquitecto: «La antropología social nunca podrá decirte qué hacer. Podrá decir qué patrón en el pasado fue tal o cual, por las motivaciones que una comunidad tenía, etc., pero cuál debe ser el patrón actual me parece más una cuestión de la propia comunidad que de la antropología social». Smithson, Alison y Smithson, Peter en *Team X, Primer* (Cambridge: The MIT Press, 1968), p. 100. (Ed. orig. 1962).

los ingredientes que enmarcan las nociones de conectividad de Alison y Peter Smithson. El interés por la apropiación de los espacios, convertidos ya en lugares, por parte de la comunidad en una serie de escalas categorizadas y un esqueleto, rígido en su construcción, pero flexible y extensible en cuanto a sus disposiciones, son las bases para ensamblar un proyecto basado en la interacción y la sinergia; una energía colectiva con tintes humanistas que tanto los Smithson como el resto del Team X consideraban olvidada por el CIAM. El pensamiento de la pareja británica se expone en sus primeros artículos de modo disperso y abstracto, y comienza a sistematizarse a medida que pasan los años y su obra va madurando. Ellos mismos vuelven sobre sus propios textos posteriormente, reescribiéndolos o explicándolos nuevamente, en un esfuerzo por presentarlos con mayor profundidad y claridad.

*Primer*, el libro del Team X publicado originalmente como artículo en *Architectural Design* en 1962 e impreso y editado como libro por Alison Smithson en 1968, presenta al Team X como una conjunción de personalidades con inquietudes diferentes, que tienen en común la búsqueda de una «utopía para el presente»; un grupo que no intenta tanto teorizar como construir entendiendo los artefactos, patrones, herramientas y movilidades de su presente. La particularidad de *Primer* es la de incluir de modo fragmentado las voces de sus diferentes integrantes, entremezcladas sin categorías y con un énfasis en las propias ideas antes que en la autoría. En él se conjugan varios de los aportes centrales de los Smithson en cuanto a la función. Una apreciación de Peter Smithson sobre la situación contemporánea abre el texto reclamando un acercamiento de los arquitectos a un nuevo marco cultural: «La televisión ha abierto las mentes de la gente y ha hecho que una nueva clase sea consciente de su existencia como grupo, con necesidad de un estilo de vida propio. Nosotros, como arquitectos, todavía no hemos encontrado un modo de construcción apropiado para este estilo de vida; todavía no hemos construido lugares 'donde todo puede suceder'. Nuestra propia casa es rígida y antipática»[211]. Los autores encontrarían el germen de sus ideas de función en el ámbito urbano, o más propiamente en la calle. Según Peter Smithson: «Podemos reconstruir esa conexión solo a partir de las asociaciones entre personas en lugares que sabemos que ya tienen vida. Nos movemos alrededor de nuestra casa o grupo humano, transitamos; nos movemos alrededor de nuestro grupo de trabajo, transitamos; compramos; volvemos a transitar. La principal diferencia con respecto al *pattern* de generaciones anteriores es que casi nunca

---

211. Smithson, Peter en *Team X, Primer*, p. 6.

caminamos [...] de un distrito a otro, si la distancia es de más de un tercio de milla, por lo que ya no experimentamos la ciudad como algo continuo, más bien como una serie de hechos»[212]. De este modo, la calle, el tránsito, el automóvil[213] se vuelven agentes esenciales, en un principio, tal como lo planteara Le Corbusier, solo que en este caso el ojo de los autores se posa en los propios habitantes y en los lazos de asociación que pueda haber entre ellos. Esta idea, como parte del objetivo principal del Team X, resulta novedosa e incluye otro problema del que también Van Eyck se hace eco constantemente, el de la identidad. Los proyectos de conjuntos de vivienda de los Smithson de la década de los cincuenta, como el concurso de viviendas para Golden Lane, de 1952, o el concurso para Berlin Hauptstadt, de 1957, ninguno de ellos construido, dan una muestra clara de un nuevo tejido urbano entre masa, espacio libre y conectividad que busca fomentar el encuentro[214].

Por su parte, el esquema para The Valley Section, de 1954, contiene el argumento principal del Team X para exponer sus nuevas ideas en el CIAM X de Dubrovnik en cuanto a la división y jerarquías de las comunidades. Se trata de una distinción en cuanto a la escala de los grupos sociales. Para los autores resulta esencial encontrar una clara dirección en la división de estos grupos por parte del planificador, y esta debe considerar, antes que nada, los modos en que los grupos se han relacionado según su condición: «La creación de espacios colectivos no arbitrarios es la función principal del planificador. El primer grupo básico es, obviamente, el de la familia, tradicionalmente el siguiente grupo social es el de la calle [...], el siguiente el del distrito y finalmente el de la ciudad. Es tarea del planificador hacer aparentes estas agrupaciones como realidades plásticas restringidas. En los suburbios y barrios marginales sobrevive la relación vital entre la casa y la calle, los niños corren (la calle

---

212. *Ibid.* p. 8.

213. «Hoy en día, nuestro fracaso más evidente es la falta de comprensibilidad e identidad en las grandes ciudades, y la respuesta seguramente yace en un sistema vial claro, a gran escala: la "Autopista Urbana" pasó de ser una función de mejora a una función unificadora. Para realizar esta función unificadora todas las carreteras deben estar integradas en un sistema, pero la columna vertebral de este sistema deben ser las autopistas en las propias áreas urbanizadas, donde su misma dimensión en relación con otros desarrollos les permite actuar como elemento visual y simbólico al mismo tiempo, haciendo que todo funcione. Desde nuestro interés por la vida en la calle, nos ha obsesionado el concepto de "movilidad" en todos sus significados y, en particular, las implicaciones del automóvil». En Smithson, Alison y Smithson, Peter en *ibid.* p. 48.

214. «Los estudios de asociación e identidad llevaron al desarrollo de un sistema de complejos edificios vinculados entre sí, destinados a corresponderse de forma más estrecha con la red de relaciones sociales, como se dan actualmente, a diferencia de los patrones existentes de espacios restringidos y edificios autónomos. Estos sistemas más libres tienen mayor capacidad de cambio y de modificar su escala e intención a medida que se desarrollan, particularmente en las nuevas comunidades». Simthson, Alison y Smithson, Peter en *ibid.* p. 52.

es relativamente tranquila), la gente se detiene y habla [...]. La calle es una extensión de la casa, en ella los niños aprenden por primera vez del mundo ajeno a la familia, un mundo microcósmico en el que los juegos callejeros cambian con las estaciones y los horarios se reflejan en el ciclo de las actividades»[215]. Considerar que «la calle es una extensión de la casa» implica en primer lugar que el espacio público, para los autores, debe poder estar vinculado directamente a un colectivo. Es un espacio en el cual un grupo de vecinos puede sentirse identificado hasta el punto de concebirlo como lugar, como espacio de uso, es decir, con un carácter que permita construir un vínculo. Esto reclama un diseño que no caiga en la repetición de módulos idénticos, sino que se permita también el establecimiento de unos patrones que, ante similares necesidades, puedan incorporar particularidades y diferenciaciones según el caso. La arquitectura de los Smithson mantendrá constante ese difícil objetivo de balancearse entre la tipificación y la particularidad, en el cual la función vuelve a adquirir un rol central.

Quizás por primera vez en las teorías de la función se diferencia claramente entre los problemas netamente «estáticos», que incluyen los edificios en sí mismos, así como sus vacíos y posibilidades espaciales, y los «no estáticos», los flujos, movimientos y relaciones, no necesariamente ligados a lo material. Como los Smithson mencionan, los segundos se definirían a través de sus velocidades o flujos, es decir, a partir de una concepción más intangible y difícil de controlar prematuramente, pero que debe considerarse dentro del programa de un proyecto. Este salto será fundamental para identificar la función fuera del marco espacial y formal de la arquitectura. De este modo la función, entendida como mera acción del cuerpo humano en su marco cultural, tendría un campo de estudio propio que se ubicaría dentro de lo que los autores entienden como «patrón de asociación» (*pattern of association*)[216], relacionado con la división de las comunidades según su tamaño: «El patrón de vida de las personas que habitan un sitio define qué tipo de entorno y qué densidad se necesita. El patrón general de una comunidad incluye grupos con densidades variables, con muchas partes, que pueden llegar a 300 por acre. Dichas concentraciones permitirán la creación de un nuevo sistema de caminos y

---

215. Smithson, Alison y Smithson, Peter en *ibid.* p. 78.

216. «Una ciudad es, por definición, un *pattern of association* específico, un *pattern* único para cada pueblo, en cada lugar, en cada momento. Este *pattern* específico debe desarrollarse a partir de principios que dan consistencia y unidad al organismo en evolución». En Smithson, Alison y Smithson, Peter en *ibid.* p. 60.

espacios verdes que compensen el desarrollo de la vida familiar, sin aumentar el área ocupada y sin forzar a las personas a seguir patrones no deseados»[217].

En esta línea, el conocido proyecto para el conjunto de viviendas para la zona bombardeada de Golden Lane, en Londres, se presenta como uno de los casos en los que los «patrones de asociación» se materializan de forma más clara. Aquí los Smithson se centran sobre todo en el reemplazo de los puntos básicos de la carta de Atenas por una red de conexiones que dé cuenta de la complejidad del habitar a través de líneas de conectividad y encuentro. El proyecto recupera el concepto de la sección de la Unité d'Habitation de Le Corbusier (concluida también en 1952) pero intercambia los corredores centrales por «plataformas», unas terrazas lineales completamente abiertas al exterior que cobran sentido como lugar de intercambio y encuentro que atraviesan toda la longitud del edificio. Cada una de estas «plataformas» incluiría el acceso a unas 90 viviendas familiares, lo cual garantizaría, por su propio tamaño y conectividad, la energía para generar un flujo de intercambio colectivo lo suficientemente rico como para considerarlas «calles aéreas» que recreen la sinergia del espacio público. Según la propia descripción de los autores: «Dos mujeres con coche de niño pueden detenerse y charlar sin obstaculizar el flujo de paseo y, teniendo en cuenta que los únicos vehículos rodados autorizados para circular son las carretillas del tendero movidas manual o eléctricamente, [estas calles] ofrecen total seguridad a la chiquillería»[218]. Los *collages* con los que se presenta el proyecto registran un suelo devastado por la guerra en el que esta nueva estructura prefabricada se posa. Sin negar el espíritu apocalíptico, sí se asume, al igual que la exposición *This is tomorrow*, las únicas vías de escape posibles: la prefabricación de la construcción y la energía del colectivo humano. Por otro lado, la configuración en planta presenta una unidad que podría expandirse, aumentando la densidad de la ciudad mediante una ramificación compuesta por una espina central y dos brazos perpendiculares. Estos cruces tienen para los autores un significado como puntos de máxima intensidad social: «contrastando con la altura única de estas [las plataformas], las intersecciones tienen una altura triple que invita a quedarse y dejar transcurrir el tiempo»[219]. Golden Lane puede ser visto como un proyecto-manifiesto de los primeros conceptos funcionales de los Smithson, al mismo tiempo que como una respuesta concreta a los preceptos urbanos del CIAM. Igualmente

---

217. Smithson, Alison y Smithson, Peter en *ibid.* p. 64.

218. Smithson, Alison y Smithson, Peter en Vidotto, Marco, *Alison + Peter Smithson. Obras y proyectos* (Barcelona: Gustavo Gili, 1997), p. 34.

219. Smithson, Alison y Smithson, Peter en *ibid.*

significa un evidente avance en la profundización del interés por el modo de proyectar frente a la problemática de lo «no estático» que implican las relaciones humanas en un marco arquitectónico. Exponerse a establecer un orden en eso que, por definición, es imprevisible implica, una vez más, recuperar ese tema que Gínzburg había traído a colación con su idea de «condensador social» y su proyecto para el Narcomfin, del que Golden Lane es heredero; los arquitectos ingleses consiguen plasmarlo, al menos teóricamente, en un proyecto concreto, pero también, y, sobre todo, en un discurso que busca a toda costa presentarse como operativo y, hasta cierto punto, metodológico.

Otra idea medular de los autores es la de *cluster*, que se construye a partir de asumir que a los diferentes modos de «asociación» humana, conjugados al establecer una propia «identidad» en previsión también de sus «modelos de crecimiento», les debe corresponder una forma específica de hábitat. Es decir, el *cluster* se presenta como la primera aproximación realmente operativa del planificador, cuyo trabajo pasa por encontrar la mejor estructura y orden para un grupo humano. El *cluster* es una estrategia urbana que se mueve entre lo libre y lo estructurado, permite, sobre todo, libertades de crecimiento a futuro, pero asegurando una lógica interna que garantice la identidad; se mueve en un plano abstracto, y tiene el objetivo de presentarse como un reemplazo frente a la generalidad de los cinco puntos de la Carta de Atenas. Tanto el *cluster* como los puntos de la Carta de Atenas mantienen a la función como base argumental sólida, solo que en este caso los Smithson abandonan la postura cientificista para ahondar en un camino más delicado y riesgoso: el de incorporar las lógicas de movimiento, flujo y encuentro de una comunidad de tamaño razonable. Al mismo tiempo entienden que estas lógicas pueden permitir al diseñador concentrarse en nuevos modos de orden para una función que no dé la espalda a la complejidad de las situaciones, como se plantea en el proyecto para Golden Lane: «La palabra *cluster*, empleada para indicar un modelo específico de asociación, fue introducida en sustitución de grupos de conceptos como 'casa, calle, distrito, ciudad' (subdivisiones de la comunidad) o 'manzana, pueblo, ciudad' (entidades de grupo), demasiado cargadas en la actualidad de implicaciones históricas. Cualquier agrupamiento es un *cluster: cluster* es una especie de comodín utilizado durante el período de creación de nuevas tipologías»[220]. Como dan a entender los propios autores, existe también una preocupación por el problema terminológico. En este período la función, y algunos

---

220. Smithson, Alison y Smithson, Peter, «Estructura Urbana,» en *Textos de arquitectura de la modernidad*, ed. Hereu, Pere; Montaner, Josep María, y Oliveras, Jordi (Barcelona: Nerea, 1967), p. 185.

de sus derivados, como la circulación, se entendían ya como definiciones asociadas a la arquitectura moderna de los años veinte y treinta. Por ello mismo, la incorporación de nuevos términos favorecía la postura renovadora que encarnaba el Team X frente al problema de la función. Según los Smithson, para cada forma de asociación correspondería entonces un nuevo *cluster*, una configuración diferente de edificio que debe, al mismo tiempo, contar con una lógica formal, espacial y constructiva interna que le permita crecer sin destruir, como también lo plantea Van Eyck, su identidad. Como los Smithson mencionan, los grupos de asociación se subdividen por su tamaño y complejidad, desde la calle, pasando por el pueblo, hasta la ciudad. Esta división supone una de las consideraciones más importantes del Team X sobre la función, y se materializa con los conocidos esquemas de ramificación de conjuntos residenciales, como si de árboles se tratara, en los que dentro de un mismo sistema coexisten escalas notablemente diferentes, las cuales pueden aún garantizar su conectividad física, disipando la disociación social que algunos de los proyectos de conjuntos modernos más reconocidos, como los de Ludwig Hilberseimer o Le Corbusier, proponían.

Si el concepto de *cluster*, utilizado por los autores intensamente en la década de los cincuenta, sirvió también como un modo de evitar, o superar, el término función y sus implicaciones, el mismo evoluciona más tarde hacia la noción de *mat-building*, que se presenta como una traslación operativa más directa de un conjunto de ideas que, hasta el momento, permanecían en un plano más abstracto. Esta estrategia, según su propia descripción, se va materializando a través de proyectos, pero nace con una vocación social asociada a la función: «Se puede decir que el *mat-building* personifica el anónimo colectivo; donde las funciones vienen a enriquecer lo construido y el individuo adquiere nuevas libertades de actuación gracias a un nuevo y cambiante orden, basado en la interconexión, los tupidos patrones de asociación y las posibilidades de crecimiento, disminución y cambio»[221]. La cualidad del *mat-building* radica en lo que Alison Smithson llama «asociación colectiva», que se vincula a la reducción de la escala en diversas situaciones de un edificio de gran tamaño para volver a acercar a los ocupantes entre sí, intentando alcanzar en el conjunto cierto sentido de comunidad, o de pequeñas comunidades. Se trata de una trama que acepta la variabilidad, y que consta de ramificaciones que se intersecan entre sí. En algunos casos se asemeja más a un volumen socavado.

---

221. Smithson, Alison, «Cómo reconocer y leer un *mat-building*,» DPA: *Documents de Projectes d'Arquitectura*, 27/28, (2011), p. 6.

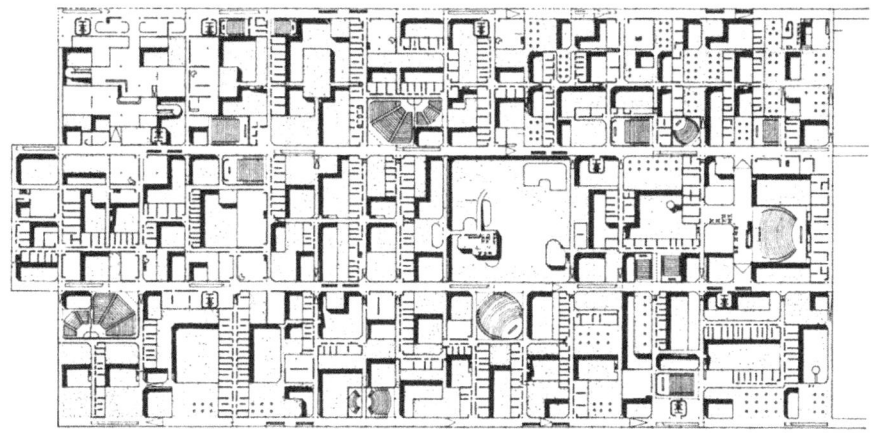

Figura 4. Candilis, Georges; Josic, Alexis; Woods, Shadrach y Schiedhelm, Manfred. «Freie Universität Berlin. Planta». Cambridge: Team X. Primer, 1963

El elemento central de esta operación es el vacío, que se hace presente perforando sistemáticamente la masa construida, permitiendo controlar la fuga visual y manteniendo la escala doméstica en lo que Alison Smithson denomina «dispersión flexible». La percepción espacial producto de esta estrategia reduce sensorialmente el tamaño del edificio y consigue vincular diferentes áreas a modo de células por medio del espacio abierto. «La comprensión debe venir a través de la percepción de las partes, ya que no es posible ver el sistema en su conjunto»[222].

A pesar de que fueron los Smithson los que quizás pujaron con más énfasis por la consolidación de este concepto en el Team X, el proyecto para la Freie Universität de Berlín de 1963, de Candilis, Josic y Woods (fig. 4) es el primer caso construido. Este edificio pone énfasis en el diseño diferenciado y característico de los vacíos, los cuales permitirían generar lazos de identidad en los usuarios de las diferentes áreas del edificio, utilizando patios con diseños variados, los que otorgarían un carácter propio a cada área. Cada espacio abierto junto con su zona aledaña incorpora así una distinción sobre la totalidad. Se aprecia, por otro lado, la cercanía del concepto de *mat-building* con la constante búsqueda de Van Eyck por alcanzar ese objetivo de construir una identidad artificial a través del proyecto. A su vez existía bajo esta estrategia un interés por introducir valores de flexibilidad, a través de un esquema básico,

---

222. *Ibid.* p. 13.

permitiendo futuras ampliaciones. Aceptando que el *mat-building* se basa en la articulación a través de una sucesión de vacíos, la circulación resulta el argumento fundamental del proyecto. Los propios autores reconocen el origen de esta idea en proyectos como el Hospital de Venecia de Le Corbusier, o las Casas Patio de Mies. Aun así, la circulación en el *mat-building* ya no se presenta como un elemento en sí mismo, como sucede en el planteamiento de Le Corbusier, sino que se trata como parte del programa y de la estructura formal. No se limita a vincular un punto con otro a través de una experiencia narrativa, sino que en ella misma se disponen las propias actividades, acentuando el encuentro y la analogía con la calle. Hacer del edificio una calle es el objetivo central del *mat-building*, en el que se apela a una suerte de caos ordenado. Esta idea se relaciona con una indeterminación que trasciende la flexibilidad funcional para buscar la fricción e interacción que se consideran perdidas con el corredor, o conector, moderno. Parte de esto tiene que ver también con el interés de los Smithson por las construcciones islámicas, que utilizan como referencia[223]. Quizás el interés principal del *mat-building* estriba en la aceptación de un sistema físico anterior a la función, de modo similar a la Villa Rotonda y la aplicación del esquema formal del palacio clásico a la vivienda, en el caso de Andrea Palladio. El *mat-building* es un sistema que también condiciona conscientemente la disposición y el modo en que se dan las funciones, entendiendo que, más allá de cómo estas se distribuyen, la configuración espacial inicial permitirá obtener unos resultados concretos. Su esencia se basa en la permeabilidad de su estructura y en la posibilidad de incluir en estas funciones mixtas, superposiciones público-privadas e incluso intercambios inesperados. Alison Smithson es plenamente consciente de esta transformación: «Teniendo en cuenta la disciplina de una estructura de sistema continuo, las funciones se pueden articular sin los resultados caóticos que se obtienen cuando solo se persigue la articulación de la función sin establecer primero un orden total. De hecho, es solamente desde esta estructura que puede articularse la función. Las partes de un sistema toman su identidad del propio sistema. Sin orden, no hay identidad, sino solo el caos de elementos dispares en una competición sin sentido. Los sistemas tendrán más que las tres dimensiones habituales;

---

223. «Todavía existe en la ciudad árabe común una permutabilidad donde el "cubo neutral" contiene una célula elemental susceptible de cambio: de casa a taller, de verdulería a droguería; un callejón de casas con una panadería en medio se convierte en un zoco con el simple recurso de extender trozos de tela sobre la calle a medida que crecen las necesidades. Estos cambios todavía suceden en lugares elementales porque la estructura de las células, la organización de los accesos, y el ajetreo gentil a pie y en burro son suficientes para todo lo que se tiene que hacer allí». *Ibid.* p. 9.

incluirán la dimensión del tiempo. Los sistemas serán lo suficientemente flexibles para permitir el crecimiento y la permutabilidad a lo largo de sus vidas»[224]. El *mat-building* se presenta como una estrategia renovadora frente a la función, que ya no es el germen, sino que, como un líquido, es capaz de mutar según una estructura preconcebida y, según los autores, es capaz de introducir sinergia en su funcionamiento final. Si los Smithson comenzaron su carrera analizando los modos de apropiación del espacio por parte de la sociedad, el *mat-building* es la respuesta, la síntesis de ese aprendizaje.

Las ideas de los Smithson, como las de Van Eyck, intentan esclarecer y poner como objetivo parte de los intereses humanistas que varios de los autores más importantes de la arquitectura moderna de los años veinte y treinta mencionaban pero en los que no profundizarán. Este proceso se hace más complejo en un escenario de posguerra donde la reconstrucción se presenta como algo inminente y necesario. Ante este panorama los autores se proponen ahondar en el problema acercándolo de una forma mucho más directa e intensa con respecto al propio usuario, entendido este último nunca como individuo, sino como parte de un entramado social que necesita de un cuidado, no solo de sus funciones básicas, sino también de sus vínculos. Estos últimos son los que, según los autores, pueden garantizar una identidad en conglomerados urbanos que, por su creciente densidad, ponen en riesgo una interacción social casi perdida. Probablemente el interés de la aportación de los Smithson a la función reside en la mezcla de esta pretensión de ahondar en las cuestiones antropológicas, al mismo tiempo que proponer soluciones constructivas eficaces y aplicables a corto plazo, lo que los lleva a elaborar conceptos de clara operatividad que tendrán una notable influencia posterior, como estrategia proyectual, y también como modo de vincular las funciones a una conectividad e interacción ya dadas por el propio sistema.

## Sentidos de la función

El pensamiento de Louis I. Kahn supone una de las primeras revisiones realmente críticas de la vocación pragmática y cientificista que empapó gran parte de los argumentos de la arquitectura moderna. Tanto en lo que refiere a sus obras como a sus teorías, condensadas principalmente en textos con cierta vocación poética y en registros de conferencias, la aportación de Kahn

---

224. *Ibid.* p. 13.

significa una vuelta hacia las discusiones originarias en torno a la función, tanto es así que el mismo autor desprecia el término, por las mismas razones que autores posteriores, como Aldo Rossi o Robert Venturi lo harán, es decir, por su implantada vinculación con la arquitectura moderna. Kahn está seducido por lo intangible, por la esencia de la arquitectura y la ligazón entre esta y el hombre, y sus argumentos están normalmente atados al problema de la construcción, ya que para Kahn esta última es la simple razón de ser de la arquitectura[225]. El modo de pensar y de escribir de Kahn lleva a considerar nuevamente los principios más básicos de la arquitectura, en el momento en que la misma simplemente no existía, o existía a modo de cobijo, reflexionando sobre cada muro, cada abertura o cada columna. «En todo lo que la naturaleza hace, la naturaleza registra cómo lo hizo. La roca registra a la roca. El hombre registra cómo fue hecho»[226]. Esta base tiene, como ya se ha mencionado, al existencialismo como punto de origen, en especial en relación a las ligazones entre arquitectura y pensamiento filosófico que Martin Heidegger expusiera en su discurso de posguerra, «Bauen Wohnen Denken»[227]. Kahn conseguirá dar profundidad y sentido a esta traslación, en especial en torno a la función en la arquitectura.

Preocupado por la noción de verdad, estructura y construcción, para Kahn la función y su expresión conforman un conjunto indivisible de importancia[228]. Esto tiene que ver con su fascinación por la arquitectura de la Antigüedad, por lo que su enfoque primero en torno a la función consiste en revisar lo más básico de las necesidades del habitar del hombre, evitando cualquier referencia moderna a nociones como las de eficiencia o adecuación, para buscar un

---

225. «La arquitectura no tiene presencia. La arquitectura tiene existencia. Es un tipo de ambiente en la mente que despierta a cada hombre y eleva en sus sentimientos internos una alegría y una voluntad de expresar en el lenguaje de la arquitectura, lo que revive la maravilla de lo establecido, incluso de lo más pequeño, como un gusano». Kahn, Louis, *What will be has always been: the words of Louis I. Kahn*, ed. Wurman, Richard Saul (Nueva York: Access Press y Rizzoli, 1986), p. 73.

226. «Luz blanca, sombra negra,» en *Louis I. Kahn: conversaciones con estudiantes*, ed. Bell, Michael (Barcelona: Gustavo Gili, 2002), p. 20. (Ed. orig. 1969).

227. Desde el inicio del discurso Heidegger apunta a un tema que resultará central en el pensamiento de Kahn, «Al habitar llegamos, así parece, solamente por el medio del construir. Éste, el construir, tiene a aquel, el habitar, como meta». Heidegger, Martin, *Construir, habitar, pensar*, ed. Gebhardt, Ana Carlota (Córdoba: Alción, 2002), p. 5. (Ed. orig. 1951).

228. «Los logros de la ingeniería bélica en hormigón, acero y madera han dado señales de madurez suficiente como para guiar la concepción de estos nuevos edificios. El esqueleto estructural gigantesco ha dejado sentado su derecho ha ser visto. No necesita ya de ningún disfraz para agradar. Nuevas envolventes de materiales transparentes, traslúcidos u opacos, con excitantes texturas y colores pueden suspenderse de sus miembros. Frisos de pintura articularán las circulaciones entre los grandes recintos y esculturas embellecerán su interior». Louis Kahn, «La monumentalidad,» en *Louis I. Kahn: escritos, conferencias y entrevistas*, ed. Alessandra Latour y Jorge Sainz (Madrid: El Croquis, 2003), p. 28. (Ed. orig. 1944).

equilibrio en la esencia misma de la actividad y el espacio que le corresponde. No se trata solo de poder desarrollar la actividad requerida en cada espacio, sino que esta se dé de tal forma que por sí misma genere un significado. Esta posición, que evita cualquier signo de su tiempo para adentrarse en la monumentalidad clásica y antigua, lo vincula directamente con las nociones de los primeros tratados de arquitectura, con la idea misma de *utilitas*, o los aportes de Alberti en torno a «necesidad» y «comodidad». Kahn es plenamente consciente de que su diálogo se aparta de las discusiones modernas, para adentrarse en el origen mismo del problema funcional y exponer así cada elemento constructivo, con una obsesión que remite a las ideas de Lodoli[229].

Resulta fundamental el concepto de «dispositivo estructural» (*space construction system*) que el propio autor incorpora a su pensamiento. A Kahn le interesa que las actividades se acomoden en un sentido de orden superior, en el cual la geometría gobierna, y en el que la conexión y transición entre jerarquías consolida el espacio y la estructura. En este punto es donde se vinculan sus ideas sobre el circuito interno de un edificio con su interés por una monumentalidad que afecta al orden funcional. Hay un apego por la simetría, tanto de las formas como de las funciones. Esta idea es la que será parte de su conocido binomio entre espacios «servidores y servidos», concepto que se deja ver en su conversación con John W. Cook y Heinrich Klotz en 1973[230]. Si Durand utilizaba la «composición» para establecer un orden simétrico y jerárquico entre espacios y funciones, la propuesta de Kahn pasa por encontrar antes un sentido a las funciones que derive luego en un orden espacial, que redundará a su vez en una unión inseparable entre estructura, construcción, función y espacio. Difícilmente haya un mejor ejemplo de este concepto que la sección del Salk Institute de California de 1959, que permite entender la conectividad entre una serie de espacios técnicos escondidos en el propio espesor del techo, que se convierten en los «servidores» de los laboratorios. Kahn

---

229. «Deberíamos preocuparnos más por diseñar dispositivos estructurales que puedan contener las necesidades mecánicas de las habitaciones y espacios, sin esconderlas. Los cielorrasos suspendidos que ocultan la estructura, tienden a borrar la escala. La sensación que nuestra arquitectura actual necesita ser embellecida deriva, en parte, de nuestra tendencia a ocultar los encuentros y articulaciones, a esconder la forma en que las cosas están ensambladas. Si nos enseñaran a dibujar siguiendo los modos de construcción, desde el basamento para arriba y deteniendo la punta del lápiz en las juntas, el ornamento se desenvolvería desde nuestro amor por la perfección de la construcción y desarrollaríamos nuevos modos de edificación. Resultaría intolerable pegotear y embutir las luminarias y el material acústico, enterrar los conductos y cañerías. Cómo fue hecho y cómo funciona debe infiltrar todo el proceso de construcción». Kahn, Louis, «Espacio, forma, uso,» en *Louis I. Kahn: escritos, conferencias y entrevistas*, p. 78. (Ed. orig. 1956).

230. Ver «Conversation with Peter Blake, 20th of July, 1971» en Cook, John Wesley y Klotz, Heinrich, *Conversations with architects* (Nueva York: Praeger, 1973).

lo explica cuando dice: «Este espacio es tan alto como el espacio donde se realizan los experimentos. Estas habitaciones tienen grandes tuberías que alimentan hacia abajo o hacia arriba. Puedes caminar en las áreas de servicio; son tan importantes como los laboratorios biológicos, ya que los controles deben realizarse en áreas muy pequeñas de un laboratorio»[231]. La articulación entre estos «servidores y servidos», tanto en lo que concierne a los primeros, que se refieren no solo a los espacios técnicos, sino también a las circulaciones verticales o salas secundarias, como a los segundos, que suelen corresponder con las estancias más jerárquicas de un edificio, implica un traspaso esencial de un estado a otro. Según el autor, todos ellos deben ser denotados en términos espaciales y constructivos haciendo que el mismo edificio, por sus cualidades materiales, sugiera el uso. Se trata, de modo similar al de Le Corbusier, de una conectividad poética al mismo tiempo que funcional, solo que en este caso está hilvanada por la esencia de las mismas funciones. El edificio debe ser capaz de guiar al usuario y ofrecerle el modo en que el mismo debe ser utilizado, apelando a la espacialidad y a la trascendencia de la función.

La noción de programa había sido tratada, desde la tradición francesa, especialmente en el caso de Durand, Viollet-le-Duc o Guadet, hasta la arquitectura moderna, como la condensación de los requerimientos funcionales de un edificio por parte de usuarios o instituciones. En algunos casos, como el de Meyer, adquirió una importancia fundamental, al no limitarse a vincular un espacio a una función, y comprender el abanico de actividades que componen el programa, por ejemplo, de una vivienda. Kahn construye su propia línea de pensamiento, dando un paso esencial en la concepción del programa arquitectónico, al preguntarse antes que nada por el sentido de las funciones: «Un auditorio ¿es un *stradivarius* o es una oreja? Un auditorio ¿es un instrumento afinado para Bach o para Bartok, ejecutado por el director; o es un salón de convenciones? En la naturaleza del espacio está el espíritu y la voluntad de existir de cierto modo»[232]. Así el autor plantea un nuevo inicio para el programa, que se funda en la razón de ser del mismo, no solo en torno a su condición arquitectónica, sino también en cuanto a su lugar en una comunidad. Esta función base, comunitaria y a la par que significativa, es condensada por Kahn en su idea de «institución», un término que está presente constantemente en sus textos y conferencias: «La inspiración por aprender surge de nuestra manera

---

231. Kahn, Louis, *What will be has always been: the words of Louis I. Kahn*, p. 130. Traducido por el autor.

232. Kahn, Louis, «El orden es,» en *Louis I. Kahn: escritos, conferencias y entrevistas*, p. 64. (Ed. orig. 1955).

de vivir. A través de nuestro ser consciente sentimos el carácter de la naturaleza que nos formó. Nuestras instituciones del aprendizaje surgen de la inspiración por aprender, que es una intuición sobre cómo fuimos hechos»[233]. Las «instituciones» resultan para Kahn tan fundamentales como fundacionales, ya que en ellas entiende cómo la sociedad concibe sus rituales, es decir, sus hábitos ligados a sus construcciones. La «institución» es el lugar donde las actividades deben cuestionarse, cultivarse, y desarrollarse, y a partir de ahí materializarse en objetos arquitectónicos significativos. Para poder conseguir esto Kahn comienza cuestionándose la razón de ser de los hábitos, trasladando estas reflexiones al diseño:[234] «Una de las grandes ausencias de la arquitectura actual es que las instituciones no se definen, que se dan por hechas, tal y como aparecen en los programas se convierten así en edificios»[235]. Para Kahn el problema de la función y de los programas es posterior a otro tema central, el de la definición del propio habitar. Las «instituciones» deben ser replanteadas en términos conceptuales por el propio arquitecto antes de tomar cualquier decisión en cuanto al diseño. Se trata de lo que él entiende como «reprogramar» (reprogramming), que consta de una acción de observación anterior, y es así mismo definitoria del diseño. El principal legado de Kahn reside en retrotraer a la función a un punto anterior al de su consideración pragmática. Para el autor se trata de hurgar en la naturaleza misma de las «instituciones», en la comunión del hombre y su alojamiento. Al mismo tiempo, la posibilidad de idear estos programas y de reformular las instituciones está a merced del marco subjetivo del arquitecto. «Todas estas reglas y consideraciones constituyen el programa (si se lo quiere llamar así). Pero programa es una palabra demasiado aburrida. Se trata de comprender la naturaleza de un conjunto de espacios donde es bueno hacer algo en concreto. Ahora bien, decís que algunos espacios deberían ser flexibles. Claro que algunos espacios deberían ser flexibles, pero también los hay que deberían ser completamente inflexibles.

233. Kahn, Louis, «Luz blanca, sombra negra,» en *Louis I. Kahn: escritos, conferencias y entrevistas*, p. 21. (Ed. orig. 1969).

234. «Es muy interesante entender cómo la mente debe ser estimulada por temas circunstanciales, digamos por el conocimiento, o por el conocimiento específico necesario para comprender la función al construir una residencia como esa. Uno no debe suponer que sabe algo sobre tal edificio cuando comienza a concebir su diseño, sino que debe pensar en cuál es la naturaleza de dicho edificio ¿Cuál es la naturaleza de una residencia para niñas en comparación con un hotel o un edificio de apartamentos o, incluso, por ejemplo, una residencia para hombres? Una residencia para niñas no es lo mismo que una residencia para hombres. En una residencia de mujeres uno debe sentir la presencia de la casa mucho más que en la residencia para hombres». *What will be has always been: the words of Louis I. Kahn*, p. 3. Traducido por el autor.

235. «Luz blanca, sombra negra,» pp. 21-22.

Deberían ser pura inspiración, solo el lugar donde estar, el lugar que no cambia, excepto para la gente que entra y sale de él»[236]. En la acción de «reprogramar» cabe situar también la herencia de Heidegger de volver a considerar la etimología de cada palabra, y con ello volver a plantearse el rol funcional de los objetos[237]. Para Kahn la consideración sobre un edificio debe en todo momento comprender su singularidad, no solo como objeto, sino también como *institution*. El tipo arquitectónico juega un lugar importante, pero lo que Kahn evita es la vinculación entre un tipo arquitectónico y su función. Este postulado remite a la revisión manierista de la arquitectura clásica, sobre todo a la obra de Palladio, y la adecuación de tipos arquitectónicos a programas que no necesariamente le corresponden, con la intención de poder formular tipos de espacio más adecuados para el programa en cuestión.

Como último paso en el razonamiento de Kahn sobre la función aparecen los «tipos de espacio» (*space types*), que se presentan como el resultado de las variantes internas de la solución funcional, así como de la solución estructural y espacial del proyecto. Consiste en el entendimiento de las distintas actividades, de su relación entre ellas, y del modo en que las mismas se materializan en cuanto a posición, tamaño, y condiciones espaciales, tales como dobles alturas, continuidades o transparencias. En definitiva, las características capaces de definir ese significado que permita al usuario, a través de la conectividad, experimentar y percibir el sentido del edificio. Una referencia posible se encuentra en su descripción del proyecto para un centro cultural, en su texto «Monumentality,» de 1944: «El conjunto acoge áreas más pequeñas para usos específicos, divididos por paneles de vidrio, yeso o mármol, independientes de la estructura y relacionados solo con la trama circulatoria. La planta parece continua. El gran lobby es parte del anfiteatro que se hunde en el escenario. La luz viene de arriba a través de una serie ondulada de cúpulas prismáticas de vidrio»[238]. Otro de los proyectos que mejor ilustra las ideas del autor sobre los «tipos de espacio» es el del concurso para la Biblioteca de Washington University en St. Louis, de 1956 (fig. 5); al mismo tiempo, pocas descripciones de un

---

236. *Ibid.* p. 30.

237. «Cuando hago una escuela, intento resolverla a partir de "escuela", y no de "una escuela." En primer lugar está el problema de por qué una "escuela" es distinta de cualquier otra cosa. Nunca leo un programa literalmente. Es algo circunstancial. La cantidad de dinero de que dispongas o dónde debe localizarse, y las cosas que necesitas no tienen nada que ver con la naturaleza de un problema. Así que buscas su naturaleza y después lo confrontas con el programa. Mirad a la naturaleza de algo y después veréis en el programa lo que queráis... una biblioteca, por ejemplo. Lo primero que se hace es reescribir el programa. Ahora bien, la reescritura debe ir acompañada de algo que la interprete». Kahn, Louis I., *Conversaciones con estudiantes* (Barcelona: Editorial Gustavo Gili, 2002), p. 45.

238. «La monumentalidad,» p. 30.

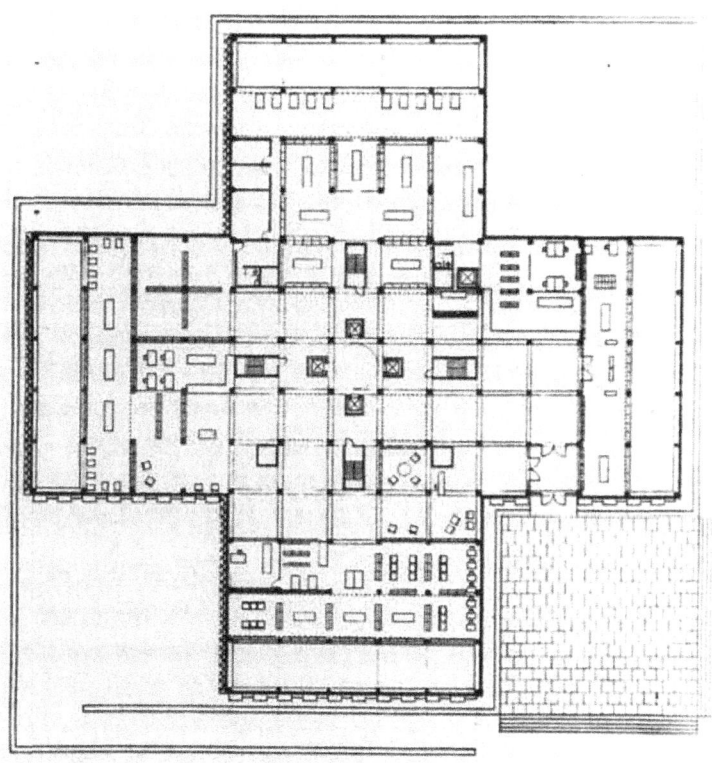

Figura 5. Kahn, Louis. «Biblioteca de Washington. Planta». Chicago: Louis Kahn in the Midwest, 1956

proyecto son capaces de verificar una concepción funcional de modo más claro que como lo consigue Kahn en «Space, form and use». Primero, en cuanto a su definición como «institución»: «Una biblioteca debe ofrecer un sistema de espacio adaptable a las necesidades en el tiempo; los espacios y su consecuente forma como edificio, deben surgir de una interpretación amplia del uso más que de la satisfacción del programa para un sistema específico de funcionamiento»[239]. Como en otros proyectos del autor, la Biblioteca de Washington ostenta una imagen monumental, en este caso evocando al zigurat. Pero la falta de escala de referencia, y la abstracción, tanto en la forma como en la propia configuración de la planta, la convierten en un objeto que difícilmente pueda ser reconocible o asimilable a algún programa. La doble simetría queda al mismo tiempo anulada por la repetición continua de su módulo estructural, que es, al fin y al cabo, la propia expresión del edificio. La planta con forma de cruz griega va reduciéndose nivel tras nivel hasta acabar en un cuadrado, en el último estrato. Kahn puntualiza el modo en que esta forma abstracta permite que los «tipos de espacio» cobren sentido a nivel funcional[240]. Algunas de las ideas que Kahn volcó en este proyecto se vieron reformuladas y finalmente concretadas en su reconocida obra para la Biblioteca de la Academia de Phillips Exeter de 1965, en la que consigue materializar sus concepciones funcionales y dar a entender de nuevo, con especial claridad, la relación entre «tipos de espacios» y «servidores y servidos».

El acercamiento de Kahn a la función no solo se distancia de las discusiones que se habían dado en el seno de la arquitectura moderna, sino que, sobre todo, permite que la misma vuelva a ser interpretada en su marco subjetivo. La importancia de la conectividad estriba, en este caso, en la acción misma de recorrer y utilizar el edificio, pero al mismo tiempo de conectar de un modo original y adecuado con las actividades habituales. A pesar de su declarado distanciamiento de la arquitectura moderna, este posicionamiento lo coloca cerca de Le Corbusier y su concepción de *promenade architecturale*, como

---

239. «Espacio, forma, uso,» p. 79.

240. «El diseño de una biblioteca en torno a las influencias incipientes de los depósitos estandarizados para los volúmenes y con lugares de lectura, puede orientarse hacia una forma con dos tipos de espacios: uno para la gente, otro para los libros. Los libros y el lector no se relacionan de manera estática. Los libros y las formas de lectura pueden tener diferentes formas. En las diferentes instancias de este proyecto nuestro pensamiento se orientó en torno al deseo de encontrar un sistema de construcción espacial en el cual los boxes de lectura fueran inherentes al sistema de soporte que los cobijaba. Leer dentro de un espacio enclaustrado con luz natural en las cercanías de la envolvente parecía bueno. Desde estas unidades espaciales más pequeñas se desplegarían espacios más y más grandes. Este sistema de espacios, si es inherente al sistema constructivo, se aproxima a lo que el arquitecto piensa que el espacio "quiere ser" y a cómo debe ser realizado». *Ibid.*

puede interpretarse en el siguiente discurso: «Ahora hablaré sobre funcionalismo. Creo que se puede hablar de que las máquinas son funcionales, las bici-
cletas son funcionales, las fábricas de cerveza son funcionales. Pero no todos
los edificios son funcionales. Ahora, deben funcionar, aunque sea psicológica-
mente. Existe una función psicológica, que es una función primordial, ya sea
una fábrica o no. Solo para que la gente se sienta involucrada, debe haber un
lugar para las personas, incluso en una central atómica se debe considerar
que hay personas involucradas en esto. [...] Traduces el vestíbulo en un lugar
de entrada, y se convierte en algo muy diferente. Es un lugar de entrada, no
un vestíbulo. Lo cambias. Cambias los corredores por galerías porque conoces su valor, conoces el tremendo valor de asociación, se trata de una galería en vez de un corredor»[241]. Esta aproximación apunta a lo más esencial de la
función, expandiendo los significantes de cada elemento funcional, para perseguir el valor agregado subyacente en cualquier experiencia de uso. De este
modo, para Kahn, caminar no se limita ya a cubrir el menor recorrido entre
dos puntos, sino en experimentar, gracias a la arquitectura, un episodio singular, por más pequeño o grande que este pueda ser. La asociación a la que el
autor hace referencia tiene que ver con vincular el origen de cada requisito
funcional con una vivencia arquitectónica, presente quizás en la memoria colectiva, que pueda elevar la acción cotidiana menos significativa por encima de
la mera necesidad.

---

241. *What will be has always been: the words of Louis I. Kahn*, p. 62. Traducido por el autor.

# Epílogo

Una de las características identitarias de la práctica de la arquitectura es la de someterse al constante desafío sobre la transformación del futuro. El «cómo será», inherente a cualquier proyecto de arquitectura, puede llevar, según se ha visto a lo largo de este escrito, a cuestionar también los diversos modos en que un potencial dispositivo espacial puede afectar a la vida de la gente. Por esto mismo, parece pertinente terminar este libro con la pregunta que se encuentra escondida detrás de gran parte de las reflexiones expuestas: ¿qué vida interior imagina el arquitecto al diseñar un edificio? Considerando que las iteraciones de los usuarios en un espacio están determinadas por límites físicos se puede inferir que muchos de los hechos significativos de la experiencia vital de las personas se desprenden, justamente, de determinada estrategia funcional. A pesar de que esta afirmación pueda parecer evidente en un primer momento, sorprende el hecho de que no se reflexione con frecuencia sobre su impacto, teniendo en cuenta que la función constituye un tema fundamental dentro de la disciplina.

A lo largo de la historia, el término «habitar», derivado del latín *habitare*, ha experimentado una constante redefinición semántica. Originalmente, denota la acción de «ocupar un lugar» o «vivir en él», y establece una íntima relación de pertenencia entre el ser humano y la porción de tierra que ocupa durante su existencia. Martin Heidegger afirma: «Al habitar llegamos, así parece, solamente por medio del construir. Este, el construir, tiene a aquel, el habitar, como meta». Las cuatro concepciones sobre las que este libro se estructura son, en última instancia, invitaciones para considerar a la arquitectura como mediadora entre los diversos enfoques sobre las relaciones sociales y la concreción física del espacio. Son cuatro enfoques que buscan trascender los límites de lo disciplinario, con el fin de explorar las a veces sutiles vocaciones ideológicas que subyacen en cada postura frente al proyecto arquitectónico. El despliegue de un glosario casi oculto de acepciones que se ramifican desde la originaria *utilitas* vitruviana es una confirmación del variado y complejo mapa del pensamiento de la función en la arquitectura. Esta cartografía se amplía mucho más allá del recorte historiográfico presentado por este libro, e incorpora, sobre todo a partir de los años sesenta del siglo XX, nuevas denominaciones: desde la «deriva» (*dérive*) situacionista, pasando por el corrosivo concepto de «evento» (*event*) de Bernard Tschumi, la refundación de la idea de «programa» de Rem Koolhaas, hasta la aproximación a la «incomodidad» planteada por Sou Fujimoto. Pero estas ideas trascienden las bases aún humanistas en las que se asientan las propuestas modernas, y se acercan a lo que podría entenderse como una «post-función», para evitar el término y significación de «post funcionalismo» (*post-functionalism*) acuñado por Peter Eisenman en 1976.

La persistencia actual en el uso del término función plantea además dos problemas. En primer lugar, la falta de claridad en cuanto a un glosario de las distintas «funciones» que, como se ha intentado demostrar a lo largo de este texto, presenta suficientes variaciones como para reconsiderar el significado de la denominación y su alcance. En segundo lugar, el mismo término función parece todavía vinculado a un supuesto funcionalismo moderno, perpetuando una noción simplificada de la vocación racionalista y pragmática (a menudo asociada con la visión también simplificada de la arquitectura moderna) que se emplea para debatir la distribución de los edificios. Se espera que las ideas que aquí se han expuesto en torno a la eficiencia, adecuación, flexibilidad y conectividad puedan contribuir a desenmarañar esta situación.

Parte de la vocación del presente escrito es la de eliminar el velo de los prejuicios revisionistas para permitir una lectura directa de las fuentes y los actores que dieron origen a diversas corrientes de pensamiento sobre un problema particular. Esta misma intención no se restringe únicamente a explorar las posibilidades en las distribuciones arquitectónicas, sino que también invita a investigar otras problemáticas dentro de un contexto social y cultural que, desde el comienzo de la segunda mitad del siglo XX, se filtran de manera orgánica en diversas facetas de la disciplina.

Persiste a su vez el argumento paralelo que sugiere que la arquitectura carece de capacidad para ofrecer alternativas liberadoras a los modos de vida arraigados que la sociedad ha construido a lo largo del tiempo. Desde esta perspectiva, el arquitecto puede involucrarse en otras problemáticas de la disciplina mientras observa con asombro cómo, en numerosas situaciones, el espacio sigue siendo el principal protagonista en la configuración de determinadas relaciones sociales. La presentación de las concepciones de la función que componen este libro no tiene otra pretensión más que la de intentar abrir un debate sobre un tema que sigue siendo esencial, incluso más allá de la arquitectura.

# Bibliografía

Aalto, Alvar. *La humanización de la arquitectura*. Barcelona: Tusquets, 1978. (Ed. orig. 1957).

Agüera Ruiz, Antonio. *Los Elementos de la Arquitectura por Sir Henry Wotton. Un texto crítico*. Valladolid: Universidad de Vallolid, 1997.

Alberti, Leon Battista. *De re aedificatoria*. Vol. 10, Madrid: Ediciones Akal, 1991. (Ed. orig. 1452).

Alexander, Christopher. *Ensayo sobre la síntesis de la forma*. Buenos Aires: Infinito, 1976. (Ed. orig 1964).

*Alexander, Christopher. Un lenguaje de patrones*. Barcelona: Gustavo Gili, 1980. (Ed. orig. 1977).

Algarotti, Francesco. *Saggio sopra l'architettura*. Venecia: Stamperia Graziosi a S. Apollinare, 1784. (Ed. orig. 1753).

Allais, Lucía. «Ordenando los órdenes: la 'ordonnance' de Claude Perrault y la columnata este del Louvre.» *Revista de Arquitectura* (2006).

Anderson, Stanford. «The fiction of function.» *Assemblage*, no. 2 (1987): 19-31.

Arnau, Joaquín. *72 voces para un diccionario de arquitectura teórica*. Madrid: Celeste, 2000.

Artese, Martín. «Un sujeto disciplinado es un sujeto feliz. Bentham y la noción utilitarista del cuerpo y las emociones.» En *Teoría social, cuerpos y emociones*, editado por Scribano, Adrián Oscar. Buenos Aires: Estudios Sociológicos Editora, 2013.

Bachelard, Gaston. *La poética del espacio*. México D.F.: Fondo de Cultura Económica, 2012. (Ed. orig 1957).

Bacon, Francis. *The essayes or counsels, civill and morall*. Oxford: Clarendon Press, 1985. (Ed. orig. 1625).

Banham, Reyner. «A home is not a house.» *Art in America* (1965).

Banham, Reyner. *Teoría y diseño en la primera era de la máquina*. 1985. (Ed. orig. 1960).

Banham, Reyner. *Los Angeles: the architecture of four ecologies*. California: University of California Press, 2009. (Ed. orig. 1971).

Behne, Adolf. *La construcción funcional moderna*. Barcelona: Ediciones del Serbal, 1994. (Ed. orig. 1923).

Benevolo, Leonardo. *Historia de la arquitectura del Renacimiento*. Madrid: Taurus, 1972. (Ed. orig. 1968).

Benevolo, Leonardo; Galfetti, Mariuccia y Puigvehí, Anna Pujol. *Historia de la arquitectura moderna*. Madrid: Taurus, 1963. (Ed. orig. 1960).

Bevilacqua, Marco Giorgio. «Alexander Klein and the Existenzminimum: A 'Scientific' Approach to Design Techniques.» *Nexus Network Journal* 13, no. 2 (2011).

Blondel, Jacques-François. *Cours D'Architecture ou Traité De la Décoration, Distribution & Construction Des Bâtiments: Contenant Les Leçons données en 1750, & les années suivantes par JF Blondel, Architecte, dans son École des Arts*. 2. Paris: Desaint, 1771. (Ed. orig. 1675).

Blondel, Jacques-François y Patte, Pierre. *Cours D'Architecture ou Traité De la Décoration, Distribution & Construction Des Bâtiments: Contenant Les Leçons données en 1750, & les années suivantes par JF Blondel, Architecte, dans son École des Arts*. Vol. 6, Paris: Desaint, 1777. (Ed. orig. 1675).

Blundell Jones, Peter. *Hugo Häring: the organic versus the geometric*. Stuttgart: Ed. Menges, 1999.

Calatrava, Juan A. «Una propuesta de enseñanza de la arquitectura en la Francia de las Luces: Blondel y la Ecole des Arts.» *Estudios dieciochistas en homenaje al profesor Jose Miguel Caso González* (1995): 117-128.

Calduch, Juan. *Temas de Composición Arquitectónica: Uso, y actividad, de la utilitas a la función*. Alicante: Editorial Club Universitario, 2001.

Capon, David Smith. *Architectural theory*. New York: John Wiley, 1999.

Cervio, Ana Lucía. «Claves para un habitar apasionado.» En *Teoría social, cuerpos y emociones*, editado por Scribano, Adrián Oscar. Buenos Aires: Estudios Sociológicos Editora, 2013.

Choay, Françoise. «Alberti et Vitruve.» *Architectural Design* (1979): 26-35.

Cohen, Jean-Louis. *Le Corbusier and the Mystique of the USSR: Theories and Projects for Moscow, 1928-1936*. Traducido por Hylton, Kenneth. Nueva Jersey: Princeton University Press, 1992.

Collins, Peter. *Los ideales de la Arquitectura Moderna: su evolución. 1750-1950*. 1969. (Ed. orig. 1965).

Colquhoun, Alan. *La arquitectura moderna: una historia desapasionada*. Barcelona: Gustavo Gili, 2005. (Ed. orig. 2002).

Cook, John Wesley y Klotz, Heinrich. *Conversations with architects*. Nueva York: Praeger, 1973.

Le Corbusier. *Cuando las catedrales eran blancas. Un viaje al país de los tímidos*. Buenos Aires: Poseidón, 1958. (Ed. orig. 1937).

Le Corbusier. *El modulor*. Buenos Aires: Poseidón, 1961. (Ed. orig. 1948).

Le Corbusier. *Vers une architecture*. Vol. 1, Paris: Arthaud Poitiers, 1977. (Ed. orig. 1923).

Le Corbusier. *Ouvre Complete*. Vol. 1. Zurich: Les Éditions d'architecture, 1977. (Ed. orig. 1929).

Le Corbusier. *Precisiones respecto a un estado de la actual de la arquitectura y del urbanismo*. Buenos Aires: Poseidón, 1979. (Ed. orig. 1930).

De Fusco, Renato. *Historia de la arquitectura contemporánea*. Madrid: Celeste Ediciones, 1981. (Ed. orig. 1977).

de Quincy, Antoine Quatremère. *Dictionnaire historique d'architecture: comprenant dans son plan les notions historiques, descriptives, archaeologiques, biographiques, théoriques, didactiques et pratiques de cet art*. Vol. 1, Paris: Librairie d'Adrien le Clere, 1832. (Ed. orig. 1788).

De Zurko, Edward. *La teoría del funcionalismo en la arquitectura*. Buenos Aires: Nueva Visión, 1970. (Ed. orig. 1957).

Dembo, Nancy. *La relación forma-función en el lenguaje estructural del siglo XX*. Caracas: Consejo de desarrollo científico y humanístico, 2003.

Durand, Jean Nicolas Louis. *Précis des leçons d'architecture données à l'École Royale Polytechnique*. Vol. 1, París: l'Ecole Royale Polytechnique, 1805.

Durand, Jean Nicolas Louis. *Compendio de lecciones de arquitectura: parte gráfica de los cursos de arquitectura*. Madrid: Pronaos, 1981. (Ed. orig. 1805).

Ebeling, Siegfried. *El espacio como membrana*. Barcelona: SD Ediciones, 2015. (Ed. orig. 1926).

Eisenman, Peter. «Post-functionalism.» *Oppositions* 6 (1976): 1963-88.

Evers, Bernd. *Teoría de la arquitectura: del Renacimiento a la actualidad, 89 artículos sobre 117 tratados*. Londres: Taschen, 2006.

Filarete. *Sforzinda*. Florencia: Trattato d'architettura, 1465.

Forty, Adrian. *Words and buildings: A vocabulary of modern architecture*. Vol. 268, Londres: Thames & Hudson, 2000.

Fourier, Charles. «El Falansterio.» En *Teoría de la unidad universal*, editado por Cortés, Chantal López y Omar. México: Biblioteca Virtual Antorcha, 2006. (Ed. orig. 1822).

Frampton, Kenneth. *Historia crítica de la arquitectura moderna*. Barcelona: Gustavo Gili, 2005. (Ed. orig. 1980).

Gandelsonas, Mario. «Neo-Functionalism.» En *Oppositions reader: selected readings from a journal for ideas and criticism in architecture, 1973-1984*, editado por Hays, K Michael. Nueva Jersey: Princeton Architectural Press, 1998. (Ed. orig. 1976).

Giedion, Sigfried. *Bauen in Frankreich, Eisen, Eisenbeton*. Munich: Klinkhardt & Biermann, 1928.

*Befreites Wohnen*. Frankfurt: Syndikat, 1985. (Ed. orig. 1929).

Gínzburg, Moisei. *Escritos, 1923-1930*. Madrid: El Croquis, 2007.

González Capitel, Antón. *La arquitectura compuesta por partes*. Barcelona: Gustavo Gili, 2009.

González, José Luis. *El Legado oculto de Vitruvio. Saber constructivo y teoría arquitectónica*. Madrid Alianza Forma, 1993.

Greenough, Horatio. «Aesthetics in Washington.» En *Form and Function: Remarks on Art by Horatio Greenough*. Los Angeles: University of California Press, 1947.

Guadet, Julien. *The elements and theory of architecture*. Los Angeles: University of California Press, 1907. (Ed. orig. 1894).

Häring, Hugo. «Wege zur Form.» En *Hugo Häring: schriften, entwürfe, bauten*, editado por Joedicke, Jurgen; Lauterbach, Heinrich. Stuttgart: Karl Kramer, 1961.

Heidegger, Martin. *Construir, habitar, pensar.* Editado por Gebhardt, Ana Carlota Córdoba: Alción, 2002. (Ed. orig. 1951).

Hereu, Pere; Montaner, Josep María y Oliveras, Jordi. *Textos de arquitectura de la modernidad.* Barcelona: Nerea, 1994.

Hysom, John y Crawford, Peggy. «The evolution of office building research.» *Journal of Real Estate Literature* 5, no. 2 (1997): 145-157.

Jacobs, Jane. *Muerte y vida de las grandes ciudades.* Madrid: Península, 1973. (Ed. orig. 1961).

Kahn, Louis I. *What will be has always been: the words of Louis I. Kahn.* Editado por Wurman, Richard Saul Nueva York: Access Press y Rizzoli, 1986.

Kahn, Louis I. *Conversaciones con estudiantes,* editado por Bell, Michael. Barcelona: Gustavo Gili, 2002. (Ed. orig. 1969).

Kahn, Louis I. *Escritos, conferencias y entrevistas,* editado por Latour, Alessandra y Sainz, Jorge. Madrid: El Croquis, 2003.

Kaufmann, Emil. *Von Ledoux bis Le Courbusier Ursprung und Entwicklung der autonomen Architektur* [en ger]. Viena: Passer, 1933.

Klein, Alexander. «Grundrissibildung und Raumgestaltung von Kleinwohnungen und neue Auswertungsmethoden.» *Zentralblatt der Bauverwaltung* 48, no. 34 (1928): 541-548.

Koolhaas, Rem. «Typical plan.» En *S, M, L, XL* Nueva York: Monacelli Press, 1995.

Koolhaas, Rem; Westcott, James y Petermann, Stephan. *Elements of architecture.* Venecia: Marsilio, 2014.

Kruft, Hanno-Walter. *Historia de la teoría de la arquitectura. 1. Desde la Antigüedad hasta el siglo XVIII.* Madrid: Alianza Editorial, 1990.

Latour, Alessandra Sainz. *Louis I. Kahn: escritos, conferencias y entrevistas.* El Croquis Editorial, 2003.

Laugier, Marc-Antoine. *Essai sur l'architecture. Nouvelle ed., revue, corr. et augm.* Paris: Duchesne, 1755.

Laugier, Marc-Antoine. *Observations sur l'architecture.* La Haya: Chez Saillant Libraire, 1765.

Lauterbach, Heinrich y Häring, Hugo. *Schriften, Entwürfe, Bauten.* Krämer, 1965.

Ledoux, Claude Nicolas. *L'architecture considérée sous le rapport de l'art, des mœurs et de la législation: tome premier.* Vol. 1, Paris: A. Uhl, 1804.

Liernur, Jorge Francisco. «Menos es mísero. Notas sobre la recepción de la arquitectura de Mies van der Rohe en América Latina.» *Revista de arquitectura* (2003).

Madia, Luis J. *Introducción a la arquitectura contemporánea.* Madrid: Nobuko, 2004. (Ed. orig. 2004).

McEwen, Indra Kagis. «On Claude Perrault: Modernising Vitruvius.» En *Paper palaces: the rise of the Renaissance architectural treatise,* 321-326. Londres: Yale University Press, 1998.

Memmo, A. y Lodoli, C. *Elementi dell' architettura lodoliana, o sia, L'arte del fabbricare con solidità scientifica e con eleganza [by A. Memmo]. Ed. corretta ed accresciuta dall' autore A. Memmo.* Milan: La Societa editrice dei classici italiani d'architettura civile, 1834.

Meyer, Hannes. «La formación del arquitecto.» *Nueva visión* 1 (1938). (Ed. orig. 1938).

Meyer, Hannes. «El arquitecto en la lucha de clases.» En *El arquitecto en la lucha de clases y otros escritos*, editado por Dal Co, Francesco. Barcelona: Gustavo Gili, 1972. (Ed. orig. 1931).

Meyer, Hannes. «El nuevo mundo.» *Revista Arquitectura* 288 (1991). (Ed. orig. 1926).

Meyer, Hannes. «Contruir.» En *Textos de arquitectura de la modernidad*, editado por Oliveras, Jordi y Montaner, Josep Maria. Donostia: Nerea, 1994. (Ed. orig. 1928).

Mies van der Rohe, Ludwig. *Mies van der Rohe: la palabra sin artificio: reflexiones sobre arquitectura, 1922-1968*, editado por Neumeyer, Fritz. Madrid: El Croquis, 1995.

Neufert, Ernst. *Bauentwurfslehre. Handbuch für den Baufachmann, Bauherren, Lehrenden und Lernenden.* Berlin: Bauwelt Verlag, 1936.

Neumeyer, Fritz. *Mies van der Rohe: la palabra sin artificio: reflexiones sobre arquitectura, 1922-1968.* El Croquis, 1995. (Ed. orig. 1986).

Norberg-Schulz, Christian. «Una conversación con Mies van der Rohe.» En *Mies van der Rohe: la palabra sin artificio: reflexiones sobre arquitectura, 1922-1968*, editado por Neumeyer, Fritz. Madrid: El Croquis, 1995. (Ed. orig. 1958).

Norberg-Schulz, Christian. *Arquitectura occidental.* Barcelona: Gustavo Gili, 1999. (Ed. orig. 1974).

Papapetros, Spyros. «Pieles Futuras.» En *El espacio como membrana*, editado por Avilés, Pep. Barcelona: SD Ediciones, 2015. (Ed. orig. 2010).

Pereira, José Ramón Alonso. *Introducción a la historia de la arquitectura: de los orígenes al siglo XXI.* Barcelona: Reverté, 2005. (Ed. orig. 1995).

Pérez Gómez, Alberto. *La génesis y superación del funcionalismo en arquitectura.* México: Ed. Limusa, 1980.

Perrault, Claude. *Ordonnance des cinq espèces de colonnes selon la méthode des anciens.* Paris: Chez Jean Baptiste Coignard, 1979. (Ed. orig. 1683).

Pevsner, Nikolaus. *Pioneers of the modern movement from William Morris to Walter Gropius.* London: Faber & Faber, 1936.

Pevsner, Nikolaus; i Ramió, Joaquim Romaguera; Saurí, Esteban Riambau; i Guardiola, Oriol Bohigas y Puigvehí, Anna Pujol. *Historia de las tipologías arquitectónicas.* Editorial Gustavo Gili, 1979.

Plouganou, Damián. «Banham, Superstudio y el futuro primitivo 1965-1973.» *HipoTesis* Hipo 5 (2017).

Plouganou, Damián. «El orden de lo imprevisible: la estructura de sucesos en 5 casas del s. XX.» Pontificia Universidad Católica de Chile, 2012.

Plouganou, Damián. «Glosario de la función en la tradición vitruviana.» Universidad Politécnica de Madrid, 2017.

Poerschke, Ute. *Architectural Theory of Modernism: Relating Functions and Forms.* Londres: Routledge, 2016.

Poerschke, Ute y Führ, Eduard. «Function, purpose, use in architecture and urbanism.» *Wolkenkuckucksheim* 17 (2012).

Price, Cedric. «On safety pins and other magnificent designs.» *Pegasus, London, Mobil Oil company, UK, Spring* (1972).

Prieto, Eduardo. «Von Innen nach Aussen. Principios filosóficos del organicismo en la arquitectura.» *Cuaderno de Notas*, no. 15 (2014): 52-66.

Prieto, Eduardo. *La ley del reloj. Arquitectura, máquinas y cultura moderna.* Madrid: Ediciones Cátedra, 2016. (Ed. orig. 2016).

Pugin, Augustus Welby Northmore. *Contrasts: or, A parallel between the noble edifices of the fourteenth and fifteenth centuries and similar buildings of the present day. Shewing the present decay of taste.* Londres: A.W. Pugin, 1836.

Pugin, Augustus Welby Northmore. *The true principles of pointed or Christian architecture: set forth in two lectures delivered at St. Marie's, Oscott.* Londres: J. Weale, 1841.

Pugin, Augustus Welby Northmore. *Contrasts.* Leicester: Leicester University Press, 1973. (Ed. orig. 1836).

Ranogajec, Paul A. «Claude Perrault, East facade of the Louvre.» (2017).

Rey, Almudena Herrero; Dee, John; Shute, John; Bacon, Francis y Gerbier, Balthazar. *Tratados ingleses de arquitectura, 1563-1663: John Shute, John Dee, Francis Bacon, Balthazar Gerbier.* Valladolid: Universidad de Valladolid, Secretariado Publicaciones e Intercambio Editorial, 2008.

Rigotti, Ana María. *Cuaderno del Laboratorio de Historia Urbana.* Rosario: Ana María Rigotti, 2009.

Risselada, Max. *Raumplan versus plan libre.* Nueva York: Rizzoli, 1987.

Rossi, Aldo. *L'architettura della cittáa.* 1. ed. Milano: Clup, 1978. (Ed. orig. 1966).

Rossi, Aldo. *La Arquitectura de la ciudad.* Editorial Gustavo Gili SA Barcelona. 1982. (Ed. orig. 1966).

Rowe, Colin. *Manierismo y arquitectura moderna y otros escritos.* Barcelona: Gustavo Gili. Vol. 137, 1999.

Ruskin, John. *The seven lamps of architecture.* New York: John Wiley, 1849. (Ed. orig. 1849).

Ruskin, John. *Las siete lámparas de la arquitectura.* Barcelona: Editorial Alta Fulla, 1987. (Ed. orig. 1849).

Ruskin, John. *Las piedras de Venecia.* Madrid: Consejo General de La Arquitectura Técnica de España, 2000. (Ed. orig. 1853).

Rybczynski, Witold. *Home: A short history of an idea.* Vol. 10, New York: Viking, 1986.

Samuel, Flora. *Le Corbusier and the architectural promenade.* Basilea: Birkhäuser, 2010.

Sartoris, Alberto. *Gli elementi dell'architettura funzionale: sintesi panoramica dell'architettura moderna.* Milan: Editore Ulrico Hoepli, 1941. (Ed. orig. 1932).

Schnaidt, Claude y Meyer, Hannes. *Hannes Meyer: buildings, projects and writings.* Salenstein: Niggli, 1965.

Schulze, Franz. *Mies van der Rohe: una biografía crítica.* Barcelona: Hermann Blume, 1986. (Ed. orig. 1985).

Segura, Alfonso Díaz; de la Maza, Ricardo Merí y Soriano, Bartolomé Serra. «La construcción del Raumplan.» *Rita,* no. 1 (2014): 60-69.

Semper, Gottfried. *El estilo en las artes técnicas y tectónicas, o estética práctica y textos complementarios.* Buenos Aires: Azpiazu ediciones, 2013. (Ed. orig. 1863).

Semper, Gottfried. *Escritos fundamentales de Gottfried Semper. El fuego y su protección. El fuego y su protección.* Vol. 37, Barcelona: Arquia, 2014.

Singley, Paulette. *How to Read Architecture: An Introduction to Interpreting the Built Environment.* Londres: Routledge, 2019.

Smithson, Alison. «The Future of furniture.» *Interior Design Supplement, Architectural Design* 28 (1958): 175-178, 1958.

Smithson, Alison. «Byelaws for mental health.» *Architectural Design n°9, Londres* (1960): 356-357.

Smithson, Alison. «Cómo reconocer y leer un mat-building.» *DPA: Documents de Projectes d'Arquitectura*, no. 27/28 (2011): 6-23. (Ed. orig. 1974).

Smithson, Alison y Smithson, Peter. «The Built World: Urban Re-Identification.» *Architectural Design*. N° 6 (1955): 185-188.

Smithson, Alison y Smithson, Peter. «An alternative to the garden city idea.» *Architectural Design*, N° 7 (1956).

Smithson, Alison y Smithson, Peter. «Estructura Urbana.» En *Textos de arquitectura de la modernidad*, editado por Hereu, Pere; Montaner, Josep María y Oliveras, Jordi, 185-188. Barcelona: Nerea, 1967.

Smithson, Alison y Smithson, Peter. «Dubrovnic 1956.» En *Aldo van Eyck: collected articles and other writings. 1947-1998*, editado por Ligtelijn, Vincent; Strauven, Francis. Delft: SUN Publishers, 2008. (Ed. orig. 1956).

Smithson, Peter. «Social Foci and Social Space.» *Architectural Design n° 12, Londres* (1960): 488-489.

Sullivan, Louis H. «The tall office building artistically considered.» *Lippincott's Magazine* 57, no. 3 (1896): 406.

Summerson, John. *El lenguaje clásico de la arquitectura: de L.B. Alberti a Le Corbusier.* Barcelona: Gustavo Gili, 1984. (Ed. orig. 1963).

Tatarkiewicz, Wladyslaw. *Historia de la estética III: La estética moderna, 1400-1700.* Madrid: Ediciones Akal, 1991. (Ed. orig. 1962).

Team X. *Primer.* Cambridge: The MIT Press, 1968. (Ed. orig. 1962).

Tournikiotis, Panayotis. *La historiografía de la arquitectura moderna.* Vol. 5, Barcelona: Reverté, 2001.

van Doesburg, Theo. «17 puntos para una arquitectura neoplasticista.» *De Stijl XII* (1924).

van Eyck, Aldo. *Aldo van Eyck: collected articles and other writings. 1947-1998*, editado por Ligtelijn, Vincent; Strauven, Francis. Delft: SUN Publishers, 2008.

van Eyck, Aldo y Wogenscky, André. «Report for the comission on the theme of CIAM 9.» En *Aldo van Eyck: collected articles and other writings. 1947-1998*, editado por Ligtelijn, Vincent; Strauven, Francis. Delft: SUN Publishers, 2008. (Ed. orig. 1952)

Venturi, Robert. *Complejidad y contradicción en la arquitectura.* Editorial Gustavo Gili, 1995. (Ed. orig. 1966).

Venturi, Robert y Brown, Denise Scott. «Functionalism, yes, but.» *Arquitecturas bis: información gráfica de actualidad*, no. 5 (1975): 1-2. (Ed. orig. 1974).

Vidler, Anthony. *El espacio de la Ilustración. La teoría arquitectónica en Francia a finales del siglo XVIII.* Madrid: Alianza, 1997. (Ed. orig. 1986).

Vidotto, Marco. *Alison + Peter Smithson. Obras y proyectos.* Barcelona: Gustavo Gili, 1997.

Viollet-le-Duc, Eugène Emmanuel. *Entretiens sur l'architecture.* Paris: A. Morel et Cie Éditeurs, 1863.

*Conversaciones sobre arquitectura.* Madrid: Consejo General de la Arquitectura Técnica de España, 2007. (Ed. orig. 1863).

Vitruvio. *Compendio de los Diez Libros de Arquitectura de Vitruvio. Claude Perrault.* Madrid: Imprenta de D. Gabriel Ramírez, 1761. (Ed. orig. 1486).

Vitruvio. *Les dix livres d'architecture de Vitruve.* Editado por Perrault, Claude y Tardieu, Eugène Paris: A. Morel, 1859. (Ed. orig. 1486).

Vitruvio. *Los diez libros de arquitectura.* Vol. 2, Madrid: Ediciones Akal, 1992. (Ed. orig. 1486).

Vitruvio. *Los diez libros de Arquitectura.* Traducido por Domingo, Oliver. Madrid: Alianza Forma, 1995. (Ed. orig. 1486).

Wotton, Henry. *The elements of architecture.* Londres: John Bill, 1624. (Ed. orig. 1624).

Wright, Frank Lloyd. *El futuro de la arquitectura.* Barcelona: Poseidón, 1978. (Ed. orig. 1953).

Wright, Frank Lloyd. *On and by Frank Lloyd Wright. A primer of architectural principles,* editado por McCarter, Robert. Londres: Phaidon, 2005. (Ed. orig. 1928).

Wright, Frank Lloyd. *Arquitectura moderna. The Kahn lectures. Princeton 1930.* Barcelona: Paidós, 2010. (Ed. orig. 1930).

Ynzenga, Bernardo. «Hannes Meyer: hacia, en y después de la Bauhaus.» *Cuadernos de Proyectos Arquitectónicos,* no. 7 (2017): 18-35.

Zevi, Bruno. *Saber ver la arquitectura.* Barcelona: Apóstrofe, Poseidón, 1979. (Ed. orig. 1948).

Este libro se terminó de imprimir
en Sevilla, el 23 de junio de 2025